봄가을 봄봄

남월선 수필집

교음사

작가의 말

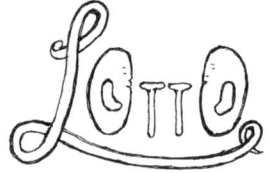

무한 우주 공간에서 억겁의 시간을 떠돌던
티끌이 지구별에 닿는다.

로또! 이탈리아어로 행운, 운명의 뜻이다. 우리말로 복권이다. 복권이 맞을 확률은? 매우 미미하다. 미미하게 설계된 것이 로또의 정체이자 생리다. 지구별에 닿은 행운, 만물의 영장으로 선택된 행운, 태어나기까지 치열한 경쟁에서 당첨된 행운, 단군 이래 가장 번영을 누리는 대한민국의 문인으로 살아가는 행운이다. 문화재단의 지원을 받아 책을 내며 든 생각이다.

원고를 출판사에 보낸 다음 날 한강 작가가 노벨상을 받는다는 낭보가 떴다. 노벨상 수상 작가와 동시대에 글을 쓴다는 데에 한껏 고무(鼓舞)되어 진정 북을 치며 춤을 추고 싶은 마음이 일었다. 대한민국 문학사에 길이 남을 2024년을 나는 치열하게 보냈다.

이 책에 실린 글은 2019년부터 2024년까지 쓴 내 사유의 기록이다. 글감은 자연, 인간, 역사, 음악, 여러 현상에서 찾았다. 깨어 있되 한편으로 치우치지 않으려고 노력했다.

왜 글을 쓸까? 그 답을 찾으려고 여기까지 왔다. 여전히 모호하다. 하나의 음악이 내게 오는 것도 인연, 골똘히 길어 올린 어휘 하나에도 인연이 있어 내 글 속에 들어왔을 것이다. 최선을 다했지만 엮어놓고 보니 여전히 부끄럽다. 나의 시대를 글로 증명하고 싶으므로 어쩌면 나는 계속 글을 쓸 것이다. 문인은 명예로운 관(冠)이자 벗어던질 수 없는 병이나.

책이 나오기까지 도움 주신 이민호 선생님, 힘내라고 격려해 주신 문우, 가족, 지인들께 깊은 감사를 드린다.

고맙습니다.

                                          2024년 11월 **남월선**

| 차례 |

1. 자연을 꿈꾸며		
	지피지기(知彼知己)	14
	비빔밥의 전설	18
	봄가을 봄봄	22
	감자 이야기	27
	문자의 시원	32
	신 관동별곡	36
	놀이 인간	46
	대통령의 시간	50
	애국 시민 운동사	55
	독자들께	59
	자연을 꿈꾸며	62

2. 시옷별		
	작은 새(This little bird)	68
	안 갔으면 어쩔 뻔!	73
	필요는 발명의 어머니	78
	행복한 결말	81
	진달래 강	86
	청개구리	91
	나는 자연인이다	96
	Ann의 시간	103
	추억의 소환	109
	그리운 발자국	113
	시옷별	118

3. 연작수필	인연	122
	화양연화	124
	엄마와 딸	127
	미나리	130
	다시 삼척	133
	수고했어요	135
	흐르는 강물처럼	137
	슬기로운 노후 생활	141
	진달래꽃 필 무렵	143
	알람브라 궁전의 추억	144
	고마워요, 당신	147
	메멘토 모리	148
4. 운정	내 귀는 소라껍질	154
	운정(雲井)	159
	함께한다는 것은	163
	농(檾)	174
	함부르크 산타	178
	북으로 가는 길(nor way)	183
	행복한 숙질	189
	허준박물관	193
	6월의 노래 - 비목	196
	백년 원(願)	200
	다시 봄	204

1

자연을 꿈꾸며

지피지기(知彼知己)

 초크베리를 수확하는 시기는 중복과 말복 사이, 연중 가장 무더운 때다. 십 년 차 농부들, 올해도 더위를 무릅쓰고 밭에서 구슬땀을 쏟는다. 초크베리는 우리나라에서 학명인 아로니아로 불린다.

 덥다. 챙 넓은 모자에 수건을 쓰고, 풀쐐기에 쏘일까 봐 긴 옷에 토시까지 끼었다. 혹시 모를 긴 짐승의 출현에 대비한 두꺼운 신발을 신어서 더 덥다.

 더울 때 수확하는 것만 빼면 아로니아는 나처럼 게으른 농부에겐 최적 작물이다. 개성 강한 맛이라 병충해가 거의 없다. 시고, 쓰고, 떫기까지 하니 벌레가 꼬이겠는가. 고구마나 도라지 순을 깡그리 잘라먹는 고라니도 덤비지 않는다. 냉이, 달래, 엄나무 순을 잽싸게 따가는 동네 여인도 맛이 없으니 요건 안 따간다. 더위와 추위, 가뭄도 타지 않는다. 그럴 때일수록 뿌리를 깊이 내린다고 한다. 거름을 안

줘도 잘 자란다. 자라긴 하는데 때깔은 별로다. 나무가 작았을 땐 전지 요령을 배워 체형을 잡아주기는 했다.

 통제라! 나무는 굵어지고 농부는 쇠해 기구를 작동할 힘이 없다. 전지도 안 해주면서 더 무성해질까 봐 거름을 안 준다. 안 주는 대신 기대도 소박하다. 그래선지 예전만큼 열리지 않는다. 덜 미안하다. 먹을 만큼만 따오고 나머지는 거름이 되게 둔다.

 인간의 손을 탄 작물을 야생으로 돌려보낸 농부에게도 적이 있다. 잡초와 칡넝쿨과 싸우는 일이다. 초크베리는 원래 야생식물이다. 거친 환경에서 자라 이삼십여 종에 달하는 베리 중 항산화 물질이 가장 많다고 한다. 슈퍼 후드로 알려져 중세 유럽의 왕들이 만병통치약으로 먹었기에 킹스베리라는 별칭이 있을 정도다. 좋다는 소문이 알려지며 너도나도 먹기 시작하자 너도나도 심기 시작한다. 나도 심었다. 그렇더라도 물정 모르고 너무 많이 심었다. 땅 정비하고 잡초 방지용 매트 깔고 묘목 심느라 초기 비용이 꽤 든다. 심은 다음 해부터 열리기 시작했고, 해마다 점점 많이 열렸다. 수확의 기쁨과 노동의 고통이 함께 따랐다.

 해마다 뜨거워지는 지구, 해마다 쇠해가는 내 체력이다. 버리느니 따서 지인들과 나누고 싶은데 그게 힘에 부친다. 먹으면 면역력, 혈관, 눈, 피부, 혈당, 소화기, 콜레스테롤, 암, 노화에 다 좋단다. 만병통치 수준이다. 어쩌면 미주알고주알 성분 분석하여 과대 포장한 것인가 싶기도 하다. 꾸준히 먹고 있는 우리 그룹이 더위 속에서 수확할 만큼 건강한 것이 효능이라 믿고 싶다.

그런데 밭에 가면 절로 한숨이 나오게 하는 것이 있으니 바로 칡이다. 내가 항복하면 이 밭은 일 년 안에 칡넝쿨로 뒤덮일 것이다. 아로니아에 들인 공보다 이놈과 싸우느라 들인 공이 더 많다. 그러면서 칡에 대해 아는 것도 많아졌다. 영리하고 독하고 끈질겨서 슈퍼 후드라는 아로니아보다 좋은 성분과 에너지가 들어있을 것 같기도 하다. 그래서 선조들이 줄기는 밧줄로, 잎과 꽃, 뿌리는 식용과 약용으로 썼다. 아로니아보다 칡을 키울 걸 그랬나 보다.

칡은 비닐멀칭을 하고 고구마를 심을 땐 한두 걸음 들어왔다가 올 자리가 아닌 듯 물러나 밭 가에서 지희끼리 어울렸다. 추우면 스러졌다가 봄이 되면 불쑥 솟아나 어여쁜 꽃까지 몽실몽실 피웠다. 가까이 있는 대나무에는 기어오르지도 않았다. 휘감고 오르기에는 줏대 없이 흔들린다는 걸 알고 있다는 뜻이다. 그랬던 놈이 아로니아가 어른 키만큼 자라자 잽싸게 밭으로 뻗었다. 눈도 없는데 놀랍지 않은가. 만만히 볼 식물이 아니다. 일 년에 18미터 이상 뻗고 마디마다 뿌리를 내리며 전진해 아로니아를 휘감는다. 게릴라와 같다.

재작년 봄에는 새싹이 나기 전에 일꾼들과 대대적인 소탕전을 펼쳤더랬다. 비가 내린 다음 땅이 포슬포슬할 때 뿌리를 잡아당기면 어렵지 않게 뽑혀 나왔다. 연식이 있는 뿌리는 생장점을 잘라낸 다음 농약을 바르고 비닐로 감아 부활은 꿈도 못 꾸게 했다. 나무를 휘감고 있던 넝쿨도 제거하고 나니 옥죄고 있던 사슬에서 풀려난 듯 후련하고 또 후련했다. 다시는 그런 꼴을 안 볼 줄 알았다. 그래서 2년을 맘 편히 보냈다.

항복!

센 놈인 줄 알았기에 이젠 놀라지도 않는다. 위기를 느껴서일까? 더 맹렬하게 자라 지금은 밭의 절반을 뒤덮고 있다. 가관이지만 지금은 때가 아니다. 넝쿨에 힘이 빠지는 시기를 기다려 손 볼 예정이다. 타도할 능력도 없지만, 적정선에서 공생을 각오하고 있다. 이제 칡에 대한 논문을 써도 되겠다.

갈등(葛藤)은 칡과 등나무를 뜻한다. 칡은 줄기를 오른쪽으로, 등나무는 왼쪽으로 대상을 휘감으며 뻗어간다. 어떤 모습일지 잘 그려지지 않지만 둘이 뒤엉기면 사생결단이 나게 생겼다. 갈등이라는 조어(造語) 속에는 나무의 특성을 짚어내는 관찰력과 지혜가 담겨 있다. 그런 상황을 경계하라는 선조들의 가르침을 자연에서 배운다. 지피지기(知彼知己)! 나는 아로니아의 어벤져스 임무를 게을리하지 않을 것이다.

적을 알고 나를 알면 백 번을 싸워도 위험하지 않다. 적을 모르되 나를 알면 한 번 이기고 한 번은 진다. 적도 모르고 나도 모르면 매번 위태하다. －『손자병법』 모공편

비빔밥의 전설

해마다 여름이 오기 전에 오이지와 열무김치를 담근다. 아삭한 오이지로 여름 입맛을 살리고, 열무도 질겨지기 전에 담아야 비빌 때 겉돌지 않고 밥과 잘 어우러진다. 음식은 지방마다 호불호가 달라 오이지는 경기, 서울에서 열무 비빔밥은 진주에 살 때 맛을 들였다.

진주는 비빔 식문화가 일상화된 듯 제사가 끝나면 아재들은 큰 양푼에 밥과 나물, 고추장을 '때려 넣고' 쓱쓱 비벼서 둘러앉아 먹었다. 숙모님들도 제삿밥은 나물에 비벼서 조기랑 먹는 게 제일 맛있다고 하셨다. 나물은 몇 가지만 만들어도 중짜 함지박으로 그득해 푸짐하게 나눌 수 있었다. 조상들과 같이 먹는다는 신인공식(神人共食)이라거나 후손들이 공동체 의식을 기를 수 있는 음식이라는 말이 설득력 있게 느껴진다.

새색시 때, 진주 사람이 되었으면 비빔밥을 먹어 봐야 한다며 남편이 데려간 곳이 중앙시장 안 밥집이었다. 무치고 볶은 갖가지 나물이 큰 함지박에 담겨 있는 모양새가 먹음직스럽기도 하거니와 저마다의 색깔이 예술이었다. 밥을 퍼서 나물을 돌려 담은 위에 육회를 올린 모양이 꽃 같다 하여 화반(花盤)이라고 했던 음식이다. 진주 사람들이 왜 비빔밥을 좋아하고 내게도 그 맛을 보여주려는지 그때 알았다. 경상도 지리지(地理志)에 진주는 땅이 기름지고 풍속이 부유하여 화려함을 숭상한다고 했다.

조선 3대 비빔밥 명소로 진주, 전주, 해주를 꼽았다고 한다. 고수들은 진주비빔밥의 격을 높게 평한다. 내륙인 전주와 북쪽의 해주에 비해 내륙이지만 남해의 물산이 올라오고 지리산 산채가 내려온다. 강 건너 섭천에 큰 우시장이 있어 육회를 올렸을 것이다.

시댁은 집 안이 넓어 명절이나 기제사가 있는 날은 잔칫집 분위기이다. 시어머니는 종부의 소명이 체화된 듯 힘든 내색은커녕 며칠 전부터 시장을 오가시며 즐기듯이 제수를 준비하셨다. 내 친정에서는 농경시대 제례인 동지, 섣달그믐, 정월대보름, 단오에 차례를 지냈고 시댁은 식구들 생일에 삼신할머니께 음식을 차려놓는 풍습이 서로 달랐다. 그때도 나물은 꼭 했으니 이러고도 내가 나물 도사가 되지 않았다면 그게 이상할 것이다.

남편 직장을 따라 동해안에서 살 때 그 진주식 나물이 빛을 발한다. 사택에 살면 부인들이 모여 차를 마시거나 점심을 먹고는 했다. 내가 비빔밥을 하면 맛있다는 소리를 들었다.

나는 통상 네다섯 가지 재료로 나물을 만든다. 시금치나 무는 겨울에는 단맛이 나지만 여름에는 맛이 덜해 애호박과 가지를 쓴다. 계절마다 재료가 달라도 참다운 비빔밥의 완성은 고사리와 도라지가 들어가야 해 제사 때라야 그 맛을 제대로 보게 된다. 내가 가장 좋아하는 나물 조합은 겨울에 시금치, 무, 도라지, 고사리, 숙주, 생미역, 속대기로 만들었을 때다. 생미역은 바락바락 주물러 결기를 꺾은 다음 무치면 부드럽고 바다향이 살아있다. 오돌오돌 씹히는 식감과 향이 탁월한 속대기도 맛을 풍성하게 하는 해조류다. 산, 들, 바다에서 나는 것들로 무치고 볶아서 함지박에 담아 국물이 잘박하게 어우러졌을 때의 그 맛! 환상이다.

나는 시어머니께 배운 그 나물 맛을 재현해 내지 못하고 있다. 변명하자면 나물 맛을 좌우하는 시어머니표 집간장이 없다. 고사리도 예전에는 산채였지만 지금은 재배하거나 수입한 것이어서 깊은 맛이 없다. 바다향 그윽하던 속대기는 시중에서 구할 수도 없다. 기후 변화로 태양과 토양의 성질이 달라져 물산의 성질도 달라졌다. 나의 손맛도 쇠했을 것이다. 나물로 함지박을 채우는 꿈은 이제 접어야겠다.

한류의 영향으로 외국인들도 비빔밥을 즐긴다고 한다. 비건주의자들에게 안성맞춤이다. 달걀이나 육회를 올리면 5대 영양소를 갖춘 완벽한 음식이 됨으로 세계인의 주목을 받을 만하다.

  비빔밥이 비행기를 탄 지도 오래되었다. 기내식 대회에서 여러 차례 우승해 국적기가 아니어도 하늘에서 비빔밥을 먹을 수 있다. 나도 돌아오는 비행기에서는 꼭 비빔밥을 먹는다. 고추장과 참기름을 넣어 비비면 냄새만으로도 침이 고이고 입맛이 당긴다. 비빔밥은 이처럼 먹는 장소와 재료를 탓하지 않는다.

  혼돈반(混沌飯), 골동반(骨董飯)은 '어지럽게 섞는 음식'이라는 뜻이다. 선조들도 비빔밥을 즐겼던 게다. 비빔밥이 K-후드로 세계인이 즐기는 게 우연이 아니다.

봄가을 봄봄

 봄이어서 행복하다. 오다가 돌아가고, 왔다가도 되돌아가기를 반복했던 터라 더 행복하다. 봄이 다시는 오지 않을 것처럼 겨울은 더 혹독해져 간다. 따뜻한 방에서 내가 겨울을 나는 동안 냉이는 햇살을 더 받으려고 방사형으로 잎을 펼친 채 한데서 겨울을 났다. 이른 봄에 생각 없이 냉이를 캤던 게 미안하다. 봄이 빨리 오지 않는다고 조바심을 낼 때 냉이는 납작 엎드렸던 고개를 곧추세워 어느새 소박한 꽃을 피웠다.
 친구들과 홍천으로 봄맞이 여행을 갔다. 올해는 일찍 벚꽃이 핀다기에 일찍 갔더니 벚꽃은 필 기미도 없고 스키 슬로프에 잔설이 보였다. 우리만 날짜를 잘못 잡은 게 아니라 봄이 변죽을 떨어 남도의 벚꽃 명소들이 축제를 열지 못했다고 한다. 홍천은 내륙산간이라 봄이 더 늦다. 꽃이 고픈 우리는 산책 때 만난 냉이꽃을 꺾어와 물컵에 꽂아놓고 건너편 산에 있는 눈을 보며 꽃놀이를 했다. 놀다가 학창 시절 봄 소풍 갔을 때 부른 「산 너머 남촌」을 합창했다. 봄노래를 부르니 마음이 한결 환해졌다.

우리가 꽃이네!

아쉬움 없이 놀다가 3일 만에 서울로 돌아오니 어머나! 어머나! 온갖 봄꽃이 피어 도시가 몽실몽실 부풀어 있다. 우리는 벌 나비처럼 꽃이 많은 곳으로 이끌렸다. 석촌호수는 손꼽히는 벚꽃 명소다. 봄을 오래 기다렸던 사람, 외국 관광객, 꽃 보러 갔다가 허탕 치고 돌아온 우리까지 합세해 호수 둘레길은 인파로 일렁였다. 우리는 연변에서 온 여행자들처럼 캐리어를 끌고 진정한 봄을 느끼며 꽃길을 걸었다. 호수 둘레를 다 걷는 동안 마음에 꽃물이 들어 너도나도 얼굴이 발그레해졌다.

언제부터 봄일까? 입춘은 희망 고문 같긴 해도 봄에 대한 기대를 심어준다. 남도에 유채, 동백, 매화가 피어도 중부를 지나 접경지대까지 오려면 모가지가 길어질 만큼 기다려야 한다. 벚꽃이 피면 다른 꽃들도 이제 봄이구나 하고 다투어 피어나 그제야 봄이 완성되는 느낌이다.

참새와 직박구리는 벚꽃 꿀을 먹느라 신났다. 먹이가 귀한 새들의 보릿고개가 벚꽃 필 무렵이다. 직박구리와 달리 주둥이가 짧은 참새는 꽃을 따서 꿀을 먹은 후 꽃은 버린다. 톡! 톡! 꽃 따는 소리도 참새 짓, 나무 밑에 널린 꽃의 잔해도 참새가 먹고 사느라 한 짓이다. 울림통이 큰 비둘기는 구구 팔십일~ 구구 팔십일~ 구구단을 외듯 우는 소리가 독특하다. 요즈음은 도시를 건설할 때 숲을 훼손하지 않고, 공원을 조성해 새들이 떠나지 않고 산다. 그래서인지 새소리를 많이 들을 수 있다. 가끔 인간들이 사는 게 궁금한 듯 창밖 펜스에 앉아 내 방을 염탐하는 듯한 새도 있다.

 해마다 부쩍부쩍 키가 크는 소나무가 창문을 열면 손이 닿을 듯 가까이 올라와 있다. 까치 부부가 집을 짓는 모습, 새끼를 기르는 모습, 어느 날 침입한 황조롱이와 전투를 벌이는 모습을 보며 울고 노래하고 지저귀는 새의 몇 가지 언어는 익혔다. 하늘에서든 땅에서든 살아간다는 것은 치열하고 야멸찬 순간을 견뎌내야 한다.

 제비는 보이지 않는다. 어렸을 때 시골에서 자라 제비와 친숙했음에도 나는 제비에 대해 아는 게 그리 없었다. 알려고도 하지 않았다. 강남에서 날아오는 철새라는데 그 강남은 어디인지? 사람이 살지 않는 집엔 왜 집을 안 짓는지? 흐린 날은 왜 제비가 낮게 나는지?

 특히 왜 봄에 돌아오는지 최근에야 관심을 가지게 되었다. 피서를 온다는 것이었다. 때 되면 오고, 때 되면 가는 줄 알았던 제비가 우리집까지 오는 데 일만 킬로미터, 양쯔강 남쪽이나 필리핀이다. 부부가 와서 새끼를 두 번 쳐서 가을에 다시 일만 킬로를 날아 강남으로 돌아간다. 비행기로 4시간이 걸리는 거리를 제비는 날아서 오가는 거다. 왜? 왜 그래야만 해?

제비는 어느 날 사라졌다가 잊을 만하면 나타나 마당을 휘휘 돌아본 후 있던 흙집을 수리하거나 신축한 후 새끼를 쳤다. 그 장소가 안방 처마 위였다. 처마가 넓어서 여름에는 자리를 깔고 밥을 먹기도 하는 곳인데 새끼들이 머리 위에서 짹짹거리다가 똥을 싸기도 했다. 새들은 겁이 많다는데 제비는 인간들이 모두 흥부 같지는 않더라도 해코지는 안 한다는 걸 파악하고 식구들 왕래가 가장 많은 머리 위에 집을 지은 거다. 빈집이나 식구가 단출한 집을 외면하는 것도 뱀이나 천적이 접근하는 걸 우려해서라니 흥부네나 우리집처럼 아이 많은 집이 단연 당첨 1순위였겠다. 이런 인간 친화적인 행보와 봄소식을 안고 오는 좋은 이미지로 제비는 일찍이 우체국 로고 모델이 된다.

내가 그런 제비의 습성에 관심을 가지는 시점에 제비도 이미 변화를 보이기 시작한다. 매년 9월 우리나라를 떠나 이듬해 3월쯤 같은 번식지로 돌아오는 귀소본능이 강해 '달력보다 정확한 봄 지표'라고 불렸던 철새다. 그랬던 제비가 해를 거듭할수록 봄과 여름 사이 어중간한 시점에 한반도를 찾아오고, 찾아와도 농촌에 식구 많은 집은커녕 빈집이 많으니 실망, 올 때마다 도시가 되어 있으니 실망. 그래서인지 개체 수가 많이 줄었다. 지구온난화로 철새들이 계절 변화에 둔감해지면서 일어나는 현상이라고 한다. 나도 계절 변화가 두렵긴 하다.

나는 사계절이 있는 온대지방에서 태어난 것에 감사한다.

극지방이나 고산지대, 열대지방에 비해 사계절이 뚜렷한 온대에서 태어난 건 금수저급 행운이다. 봄꽃이 피면 무릉도원, 여름에는 '저 바다에 누워' 소금꽃을 피울 수 있고, 가을엔 봄꽃만큼 아름다운 단풍꽃이 피고. 겨울에는 눈꽃이 피는 금수강산이다. 그렇다고 다 좋은 건 아니다. 철마다 신을 신발과 그걸 넣어둘 신발장도 커야 한다. 겨울에 온열기, 여름은 AC가 있어야 하고, 계절마다 입을 옷과 보관할 장롱 등등 단순하게 살고 싶어도 불가한 환경이다.

'빨리빨리'인 국민 성향이 계절 가기 전에 과정을 끝내야 하는 농경시대의 산물이라는데 산업사회가 되어도 DNA는 금방 바뀌지 않는다. 그보다 빨리 바뀐 게 기후다. 아열대 기후로 바뀌었다고 한다. 온대와 열대 사이의 기후로 여름은 더 더워졌고 겨울은 더 추워졌다. 나는 여름이 무섭고 겨울도 무섭다. 제비가 남쪽에서 피서를 오고, 북쪽에서 기러기가 피한을 오는 곳에 살면서 무슨 엄살인가도 싶다. 여름을 사랑한 시절이 있었다. 겨울을 좋아한 시절이 있었다. 이제 그 뜨겁거나 냉정함을 감당할 자신이 없다. 제비 따라 강남 가고 싶다. 냉정과 열정 사이, 열정과 냉정 사이에 있는 봄가을 봄봄이었으면 좋겠다.

감자 이야기

나는 감자에 할 말이 많다. 감자 이야기로 수다 떠는 대회가 있다면 만사 제쳐놓고 출전하겠다. 멍때리기 같은 비생산적인 대회는 하면서 감자 대회가 없다니 유감이다. 하도 많이 먹어서 안 먹는다는 사람도 있다. 태중에 있을 때부터 먹어온 나의 감자 사랑은 아직도 금방 찐 감자처럼 따끈따끈한데 무슨 소리! 이런 걸 모태 사랑이라고 하나 보다.

내가 태어나기 전후 우리 식구들은 감자만 먹었던 듯하다. 집 앞 논을 사는 데 보태느라 쌀을 모두 팔았단다. 우리집에 쌀이 없다? 추수가 끝나면 방앗간 도정기를 마당에 옮겨와 제일 먼저 찧은 쌀을 용단지에 채우던 집이다. 보릿고개가 있던 시절, 그 쌀에 곰팡이가 나는 걸 본 적이 있는데 날 낳으신 어머니가 쌀이 없어 감자를 드셨다니! 산모가 삶은 감자를 잘못 먹으면 이가 빠진다는 말을 들은 적이 있어 으깬 다음 물을 부어 걸쭉하게 해 드셨다고 한다.

문틈으로 내다본 들판이 황금빛으로 변해가는데 덜 익은 벼를 베어오는 게 이웃에게 남사스러워 그랬다는 음력 8월 초순이었다.

한국전쟁이 나기 전해는 땅이 꺼질 만큼 풍년이었다고 한다. 도토리 같은 야생 열매도 많이 열렸다니 우리집 감자 농사도 풍작이었을 것이다. 추우면 얼고, 햇빛 보면 아리고, 눅눅하면 썩고, 오래 두면 싹이 나는 예민하고 까칠한 작물이 감자다. 그래서 씨감자를 제외한 9할을 가을 햇곡이 나기 전에 소비하느라 하루도 상에 오르지 않는 날이 없었다. 감자전, 송편, 옹심이는 특식으로, 보리쌀에 감자를 넣어 주식으로, 지지고 볶고 끓여서 부식으로 먹으며 여름을 보냈다.

감자는 스페인 정복자들에 의해 남미에서 유럽, 중국을 거쳐 1824년 우리나라에 들어왔다. 정부와 학계, 산업체와 민간단체 등이 전래 200주년 기념 심포지엄을 개최하며 하지인 6월 21일을 「감자의 날」로 선포했다. 시설 재배로 농산물에 제철이 없지만, 예전에는 하지(6월 21일)부터 햇감자를 먹기 시작했기 때문이다.

외래 문물을 표기할 때 자국어와 묘하게 일치시키는 재주를 지닌 중국은 감자가 말방울처럼 생겼다고 해서 마령서(馬鈴薯), 조선은 단맛을 감지해 감자(甘藷)라고 지었다. 중국은 모양으로, 우리는 맛으로 표기한 것이다. 래리 주커먼이 쓴 「감자 이야기」에는 서구인들이 땅속에서 자라는 감자에서 죄악과 마법을 연상하거나 성서에 나오지 않는 식물이라는 이유 말고도 이런저런 트집을 잡아 식용으로 받아들이는 데 200여 년이 걸렸다고 한다. 내가 아무리 감자에 할 말이 많아도 감자 이야기로 책 한 권을 쓴 래리 주커먼을 이길 수는 없을 것 같다.

예전에는 가을에 구덩이를 파서 보관했다가 봄에 꺼내 씨눈을 잘라 심었다. 지금은 병충해 없는 씨감자를 개발해 농가의 수고도 덜고 생산량도 많다고 한다. K-씨앗이 종주국인 페루를 비롯한 감자의 고향인 안데스 지역으로 수출도 한다니 자부심이 마구 생긴다.

하지 아침에 첫 감자를 캐러 가는 어머니를 따라간 적이 있다. 호미로 불룩한 이랑을 헤집으면 희디흰 감자가 조롱조롱 매달려 있었다. 손으로 쓱싹 비벼도 껍질이 잘 벗겨졌고 강낭콩을 넣어 보리밥을 지으면 얼마나 구수하고 맛있던지 하지 무렵에는 꼭 그렇게 해 먹고는 한다.

이른 봄에 어른들이 밭을 갈아 씨를 심으면 곧 순이 올라오고, 얼마큼 지나면 꽃이 피었다. '자주 꽃 핀 건 자주감자, 파보나 마나 자주감자. 하얀 꽃 핀 건 하얀 감자, 파보나 마나 하얀 감자'를 노래하다 보면 어느새 하지가 지나 감자 먹는 계절이 되었다. 우리만 그랬을까.

김선우 시인은 '이것은 어느 집 담장을 넘어 달려드는 치명적인 냄새' '귀 밝은 할아버지는 땅 밑에서 감자알 크는 소리가 들린다고 흐뭇'해하셨다거나 '감자 삶는 냄새는 치명적인 그리움'이라는 시어로 「감자 먹는 사람들」을 노래했다. 1885년 고흐도 네덜란드 뉘넌에서 「감자 먹는 사람들」을 그린다. 석유램프 아래 둘러앉아 감자를 먹는 호르트 가족을 보고 그렸다는 고흐 초기 작품이다. 이 사실적인 그림을 모티브로 쓴 정진규의 「감자 먹는 사람들」에는 노동과 가난과 고된 현실이 담겨 있다. 잘못한 것도 없는 감자가 왜 가난과 고단한 삶에 결부되는지 의아한 나는 감자를 적극 옹호하고 싶다.

원산지인 페루에서 감자는 파파(아버지)로 불리는 영혼의 음식이다. 인류 역사를 바꿔놓은 5대 씨앗 중 하나로 감자 덕분에 세계 인구가 늘었고, 인류를 기아에서 구했던 작물이기도 하다. 단위면적 당 수확량이 많고, 비타민, 철분, 칼륨 등 영양소도 풍부하다. 기후와 토양을 가리지 않고 잘 자란다. 이렇게 후하고 너그럽다 보니 얕보인 나머지 노동자들의 음식으로 비하되지 않았나 싶다.

우리나라는 품종마다 수미, 은선. 금선, 골든볼 같은 고귀하고 애정 넘치는 이름을 지어주었다. 내 부모님은 딸 농사도 감자 농사처럼 풍성하게 지어놓고 이름 끝에 모조리 '자'를 집어넣어 성의 없이 지었다고 원성을 샀다. 감자 이름 중에 하나씩 골랐어도 좋았을걸.

우리에게 감자는 또 다른 기회이기도 했다. 감자 캘 때 '아~이스 께이끼~'를 외치며 농촌을 돌아다니는 얼음 장수나 생선 장수를 만나면 밭에서 물물교환이 이루어져 감자는 시원한 막대얼음이 되고 화로에서 노릇하게 구워지는 고등어가 되기도 했다. 감자에 아직 할 말이 남아있는데 문득 그 치명적인 냄새들이 그리워진다. 오늘은 나도 「감자 먹는 사람」이 되어보련다.

좋아하면서도 이제껏 못했던 고백, 사랑해 감자 씨!

문자의 시원

「세계 책과 저작권의 날」이다. 유네스코는 셰익스피어와 세르반테스가 사망한 4월 23일을 책의 날로 정해 세계인이 함께 기념하고 있다. 대문호 셰익스피어와 근대문학의 효시인 「돈키호테」의 저자를 기려 서거 350주년이 되던 해 제정되었다. 우리나라는 문화체육부 주관으로 광화문 해치마당에서 명사들이 시를 낭송하고 글을 낭독하는 문화행사가 해마다 열린다. 세종문화회관 앞 서울의 심장부, 세종대왕 동상 가까운 곳이다. 지켜보시며 뿌듯해하시겠다.

책은 문자의 집이다. 나는 문자를 통해 문학의 시원을 알고 이해할 수 있음에 감사한다. 세종대왕께 감사하고, 책의 날을 빌어 내게 영감을 준 세상의 모든 작가에게 감사한다. 내 서가에는 셰익스피어와 세르반테스의 저서가 있다. 읽은 지 오래되어도 4대 비극과 5대 희극은 물론 「끝이 좋으면 다 좋다」「로미오와 줄리엣」 등 내 영혼을 살찌운 희곡들을 기억한다. 지혜의 왕자라 칭하는 세르반테스 명언에서 무모할지라도 도전을 이어갈 힘을 얻는다.

이룰 수 없는 꿈을 꾸고, 이길 수 없는 적과 싸우고, 이룰 수 없는 사랑을 하고, 견딜 수 없는 고통을 견디며 잡을 수 없는 저 하늘의 별을 잡자.

읽을거리가 없던 시절에는 책이 고픈 나머지 교과서가 해지도록 읽고 또 읽어서 삽화까지 기억난다. 지금은 책 부자가 되어있다. 동네마다 도서관이 있고, 주문하면 집으로 곧 배달된다. 책이 숨 쉬는 공기처럼 소모되는 세상이다. 독자이자 필자인 나는 문자의 소중함을 한시라도 잊으면 안 되는 사람이다. 문자는 어디서 왔을까. 그 시원으로 가 본다.

인류 최초의 문자는 BC 삼천오백 년경 고대 메소포타미아 남부지방에서 쓰기 시작한 쐐기 모양 설형(楔形) 문자이다. 입 밖으로 나오는 순간 사라지는 말을 붙잡아 두기 위해 사물은 그림으로, 숫자는 짧은 선과 원을 반복해 부호화한다. 그 부호를 점토판에 새기며 인류는 역사시대로 진입한 것이다. 처음에는 문서, 영수증 같은 치세나 상업적 필요에서 시작, 차츰 주변 지역으로 퍼져 나일강 유역은 BC 3000년경부터 상형 문자를 쓴다. 기원전 2500년경부터 인도 문명은 그림 문자를, 황허강 유역에서는 갑골문자를 사용한다. 문자가 먼저였는지 문명이 먼저였는지 차치하고 문명발상지의 공통

점은 문자를 사용했다는 점이다. 세상의 모든 문자는 이라크 남부지방, 즉 고대 수메르에서 탄생한 쐐기 문자에서 비롯된다. 지금도 전쟁이 계속되고 있는 곳이다.

갈대 밑동을 잘라 뾰족하게 만든 철필로 쓴 점토판은 기록한 양에 비해 무겁다는 단점이 있다. 그래도 굽거나 잘 말리면 파피루스, 양피지, 목간, 종이보다 보존성이 뛰어나다. 학자들은 당시 일부러 점토판을 소성했다기보다 보관하던 곳에 불이 나서 우연히 구워졌을 것으로 추정한다.

세계 최초의 문학 작품이라는 「길가메시 서사시」도 점토판에 쐐기 문자로 새겨있다. 폭군이던 길가메시가 지혜자가 되어 신의 위치에 오르기까지 겪었던 모험과 실패, 성장에 관한 이야기다. 인간의 한계와 영생을 향한 열망, 죽음을 앞둔 자의 고뇌, 깨달음을 얻는 과정이 그려있다. 생의 본질에 대한 고민은 쐐기 문자를 쓰던 몇천 년 전이나 지금이 다르지 않은 근원적 문제라서일 것이다. 최초의 법전인 함무라비 법전도 쐐기 문자로 씌어 있다. 1852년 쐐기 문자가 해독되며 수메르 문명의 일면이 알려지기 시작한 것이다. 기술, 역사, 문화, 일상의 기록, 구약성경에 있는 내용, 사제가 왕에게 아들이 전사했음을 알리는 편지도 있어 고대인들의 일상을 엿보게 한다.

파피루스(papyrus)는 paper의 어원이다. BC 6세기에 이르러 아랍어와 알파벳을 쓰기 시작하며 가볍고 간편한 파피루스를 사용하기 시작한 것이다. 두루마리 형태는 종이가 출현하기 전까지 책의 시조라고 할 만큼 획기적이었지만 보존성이 떨어져 유물은 별로 없다고 한다.

  세계 최초로 금속활자를 발명하고, 팔만대장경을 보유한 대한민국이다. 세계문자올림픽에서 가장 우수한 글자로 뽑힌 한글로 나는 지금 글을 쓰고 있다. 점토판에서 시작해 돌, 양피지, 목간, 파피루스, 목판, 헝겊, 종이에 이어 나는 컴퓨터에 글을 쓴다.

  내 어머니는 문맹으로 자식 세대가 문명 천지에 살도록 헌신하셨다. 한글은 창제 때부터 반대에 부딪혔고 언문을 쓰지 못하도록 핍박한 왕도 있었다. 주시경 선생이 한글을 체계화하는 노력을 기울인 덕분에 틀이 잡혔지만, 일제강점기엔 다시 수난을 당했다. 글을 배울 기회가 없었던 어머니는 해방이 되고 건국이 되어도 제때 배우지 못한 문자를 배울 틈이 없이 바쁘게 사셨다.

  단군 이래 최대 부흥기라는 오늘, 세계인이 한국어를 공부하는 시대가 왔다. 한강 유역에서 발원한 K-문명이 꽃을 피우고 있다. 건국되기 전 문해율은 10%였다. 현재 98.3%다. 문자 덕분이다.

신(新) 관동별곡(關東別曲)

경포

모교 동문회에 참석하기 위해 동해안 경포에 왔다. 코비드로 5년간 만나지 못한 데다 개교 60년이 되는 해여서 감회가 크다. R 리조트에 도착해 먼저 온 친구들, 선후배들과도 반갑게 인사한다. 외국에서 온 동문도 여럿이다. 먼바다에 나갔던 연어들도 돌아오게 만드는 자석 같은 응집력이다. 우리는 천상 모천을 그리워하는 연어들인가 보다.

참가 자격은 학제 개편 이전까지로 못 올 사정은 매번 비슷한 듯 이번에도 일백 명 남짓이 모인다. 현역에 있거나, 타국에 살거나, 연락이 닿지 않거나, 피치 못할 사정이 있어서 못 오고 안 오는 것일 게다. 무지개다리를 건너간 마음 아픈 사정도 있다. 초대 동문회를 이끌던 L이 세상을 떠난 지도 몇 년 되었다. 동문회가 열릴 때면 그 친구의 빈자리가 크게 느껴진다. L 덕분에 전 세계에 흩어져 있는 동문이 온라인으로 결집해 소통하다가 2년마다 모임을 이어 온 지 십수 년째다. 칠순을 축하하는 관례도 그동안 열리지 못했던 탓에 곧 막내들 칠순과 선배들 팔순이 겹치게 생겼 다. 초록 초록하던 학창 시절 모습이 선연한데 어느새 칠팔 십을 바라보는 노인이라니!

  우리는 관비 장학생으로 입교해 3년 동안 한솥밥을 먹으 며 동문수학했다. 기숙비를 포함한 학비 전액을 지원받았고, 간호사 해외 취업이 활발하던 때여서 입시 경쟁률이 높았 다. 선배들은 무척이나 엄격했다. 왜 그렇게나 무섭게 했는 지 의아했는데 동문회를 거듭하며 진심을 알게 되었다. 신 설 학교의 기틀과 기강을 세우려고 그랬다며 미안해한다. 실제로 어렵게 입학하고도 매 학년에서 전원 졸업하지 못했 다. 사회에 나가서도 밀어주고 끌어주는 연대감이 유별스러 웠던 것도 그런 영향 때문인 듯하다. 이제 호랑이 같던 포 스는 사랑으로 변환되어 후배들을 바라보는 눈길이 자애롭 기 그지없다. 규율부장이던 J 선배가 만찬비 육백만 원을 후원한다는 소식에 분위기는 한층 더 훈훈해진다. 마음 약 한 탓에 잘못한 것도 없으면서 선배들 앞에 서면 콩 가슴 이었는데 오늘은 어깨 쫙 펴고 마음껏 즐긴다. 제일 맛있다 는 '사주는 밥'의 진수를 넘어 감사한 마음에 안 먹어도 배 부른 느낌이다.

  여흥이 시작되자 본업을 제쳐두고 가수로 활약했다는 후 배가 노래와 춤으로 무대를 들었다 놓으며 분위기를 고취

시킨다. 저런 끼를 백의 속에 감추고 살다가 늦게 꿈을 펼치는 대단한 후배다. 의사, 사업가, 시인, 화가, 행정가 등 여러 방면에서 사회적 성취를 이룬 동문 소식을 접할 때마다 함께 축하하고 기뻐하고 자랑스러워했다.

　회마다 준비해 온 현란한 춤과 차분한 고전무용, 민요, 시 낭송, 연극이 차례로 이어진다. 마음을 차분하게 하는 시간도 있다. 라스베이거스에서 온 선배의 자작시 낭송은 깊은 울림을 주었고, 수니 후배는 출간한 책을 나누었다. 마무리할 시간이 되자 모두 손에 손을 잡고 만찬장을 돌기 시작한다. 매번 그래왔듯이 교가와 학창 시절 부르던 노래를 합창하며 2년 후를 기약한다. 동문의 정이 나이 들수록 더욱 깊어짐을 느낀다.

　숙소로 돌아와서 친구들과 두런거리느라 자는 둥 만 둥 하는 사이 날이 밝았다. 테라스 앞 해송 사이로 청룡의 비늘 같은 파도가 일렁인다. 뒤편으로는 잠에서 깨어나지 않은 호수가 아직 고요하다. 경포에 오면 일출을 보는 게 불문율이라 친구들과 일찍 해변으로 나갔더니 역시나!

　낯익은 얼굴들이 삼삼오오 백사장을 거닐고 있다. 수평선에서 해가 떠오르는 모습은 언제 보아도 경이롭다. 해를 솟구친 바다는 해산한 산모처럼 핏빛 운슬로 일렁인다. 일출을 볼 때와 해가 중천에 있을 때와 석양을 볼 때의 느낌이 이토록 다르다. 우리도 떠오르는 태양처럼 희망을 안고 사회에 나갔고, 대한민국의 부흥기를 관통하며 열심히 살았다.

이제 산마루에 앉아 석양을 바라보는 때에 이르렀다. 돌아보면 모든 게 감사하다. 우리에겐 혜택을 받으며 공부했다는 자부심과 전문인력으로 키워준 감사한 두 마음이 있다. 동문 중에는 독일, 사우디아라비아 등 여러 나라에 나가 일하며 국가 발전에 동력이 되기도 했으니 빚은 갚은 것일까?

동문회 해산 후 우리는 1박이 아쉬워 가까운 선교장에서 하루 더 묵어가기로 한다. 어머니의 품 같은 고택에 깃을 드리우고 백세시대를 살아갈 힘을 얻어서 돌아갈 예정이다.

선교장

열한 명이 「중사랑」에 짐을 풀었다. 마루를 중심으로 방 세 개가 있는 한옥이다. 고택에 어울리는 격조 있는 정원 끝으로 호수 서편 자락과 트인 가을하늘이 펼쳐있다. 그저 좋다. 마당이 있는 삶이 그리웠을까? 댓돌, 마루, 문고리가 있는 여닫이문이 고향집에 온 듯 푸근하다. 큰방, 작은방엔 서른 명이 자도 남을 만큼 넓다. 기숙사가 좁았던 탓에 반세기가 지나도 넓은 공간에만 오면 그때를 비교하게 된다. 총무를 맡고 있는 C의 친구가 선교장 집 딸이라 한다. 대궐 같은 집에서 태어나는 행운! 금수저 타령이 떠오른다.

이 집은 효령대군(세종의 둘째 형)의 11대손 이내번이 1703년에 안채를 지은 이래 후손들이 사랑채, 동별당, 서별당, 활래정을 지어 오늘에 이른다. 우리는 조선시대 상류층 사대부의 가정집 표본실 속에 들어와 있는 셈이다. 예전에 강릉지방에서는 이 집을 '경포 배다리 집'이라 불렀다. 경포호가 지금보다 서너 배 넓었을 때 배로 다리를 만들어 드나들었던 선교리(배다리마을)에 있어 서민들은 그리 불렀고, 먹물들은 선교장(船橋莊)이라 불렀을 것이다.

족제비 떼를 따라가다가 터를 잡았다는 전설이 있는 만큼 얼마나 마음에 들었으면 전주 사람이 이 먼 곳에 둥지 틀었을까. 동계올림픽이 열렸을 때 IOC 위원들이 와보고 감탄했다니 300년 후에도 빛을 발하는 선대의 탁월한 안목이다.

해 질 무렵 좌청룡에서 시작해 우백호로 이어지는 뒷산 둘레길을 걸었다. 숙박객에게만 주는 혜택이라 한다. 백호 길 위에서 내려다본 고택과 옹기종기 이어있는 부속건물들이 큰 배 안에 담겨 있는 듯 안온하게 느껴진다. 누가 봐도 명당 지형이라 하겠다.

열화당은 순조 15년(1815)에 지은 사랑채로 정면에 연두색 차양이 있다. 서울 어느 궁에서 본 듯한 서양식 차양이다. 안채 오른쪽에 있는 동별당은 1920년에 지었고, 안채와 열화당 사이에 있는 서별당은 서재 겸 서고로 사용되었던 곳이라 한다. 선교장의 얼굴이라 할 활래정은 마루를 받치고 있는 돌기둥이 연못에 심어진 것처럼 자연스러워 운치를 더한다. 200년 전에 이런 낭만을 누렸다니!

만석꾼 집안의 경제력과 당상관 벼슬까지 한 후손들 안목이 선대에 뒤지지 않음이다. 선교장이 관동팔경과 금강산을 유람하는 길목에 있어 풍류 묵객들이 많이 찾아왔고 대접도 후했다고 한다.

오죽헌에서 태어난 신사임당, 율곡, 동시대를 살았던 허균, 허난설헌의 생가도 가까이 있다. 이 주변이 문화 에너지가 솟구치는 지형이었나 싶다.

아름드리 금강송 사이로 비치던 석양이 매직으로 변해가는 시각, 주변을 둘러보니 지난해 경포를 휩쓴 화마의 흔적이 동네 곳곳에 남아있다. 불과 몇 걸음 사이에서 선교장과 경포대는 무사했다. 불의 사정권에 들어 현판부터 떼어두었다는데 불길을 피해 얼마나 다행인가. 가슴을 쓸어내린다. 내일은 선교장박물관을 둘러볼 생각이다. 상류층 살림살이와 옛날 강릉지방 사람들의 생활관습을 볼 수 있는 자료가 많다고 한다. 선교장은 1967년 국가 민속문화재로 지정된 바 있다.

한밤, 바람 소리에 잠이 깼다. 높새바람에 단련되어 어지간한 바람에는 놀라지 않는데 가을에도 이런 바람이 불었나 싶을 만큼 강풍이다. 단풍이 지는데도 어제 기온이 30도로 올라가 여름처럼 덥긴 했다. 기후 변화가 심상치 않고 잦은 산불 때문에 놀란 가슴, 바람 소리만 들어도 겁이 난다.

밖에 두런거리는 소리가 들려 마당에 나가니 귀 밝은 친구들이 나와서 하늘바라기를 하고 있다. 천지가 바람으로 요동치는데 청청한 하늘에는 휘영청 보름달이 떠 있다. 대낮처럼 밝은 백야! 처음이자 마지막일지도 모를 배다리마을의 야경을 바람 덕분에 본다. 뒷산 금강송에서 날아온 바람의 선물이 마루에 어지러이 널려있다. 댓돌 위에도 신발 위에도.

경포대

올해 파주「율곡 문화제」는 33회, 강릉「율곡 문화제」는 62회를 맞는다. 동쪽과 서쪽 두 곳에서 같은 위인을 기리는 문화제가 열리는데 동쪽이 운영을 잘한다는 평가가 앞선다. 율곡은 외가인 강릉 오죽헌에서 태어나 6세 때 파주 본가로 가 13세에 진사시 합격, 23세부터 29세까지 아홉 번 본 과거마다 장원급제한다. 전무후무한 막강 엄친아로 일찍이 오천 원권 지폐에 오른 인물이다. 오만 원권에 신사임당이 채택되는데 아들 파워가 작용하지 않았을까 싶다.

남편이 장가들 때 혼서지를 써주신 시가 어른이 사임당의 고장에서 시집온 나를 좋게 봐주셨다. 명주고름 하나만 달아도 사촌까지 따습다더니 동향이라는 이유로 내가 덕을 본다. 실은 중학교 2학년 때 경포대를 처음 가보았고 우리 집이 오죽헌의 기운을 받을 만큼 가깝지도 않았다.

나는 1962년 제1회「율곡 문화제」가 열렸을 때 백일장에 참석했었다. 덕분에 가을걷이가 끝난 콩밭에 앉아 말로만 듣던 그 경포대를 구경한 것이다. 인산인해. 태어나서 사람이 그렇게 많이 모인 걸 처음 보았다. 나는 주최 측에서 깔아준 멍석에 앉아 조선시대 서생들처럼 시제를 받아

글을 지었다. 내 오빠가 이렇게 잘 쓴 글이 안 뽑혔냐고 혀를 차던 생각은 나는데 시제는 생각 안 난다. 작문 실력이 보잘것없는 오라버니다. 지금은 주변이 공원으로 조성되어 콩밭의 추억은 잔디로 덮여있다. 경포대는 내 문학의 싹을 잘 키워왔는지 돌아보게 하는 곳이다.

 아침 일찍 선교장을 출발해 호수를 한 바퀴 걸었다. 걷다가 쉬다가 간식 먹으며 이야기도 나누고 사진도 찍고, 샛길로 빠져 허균, 허난설헌 기념관도 들어가 보았다. 초당 솔밭, 기념관, 생가 모두 관리가 잘 되어 문화를 숭상하는 강릉인의 자부심이 느껴진다.

 경포대는 우리에게 매우 익숙한 곳이다. 다리도 아픈데 굳이 저 언덕을 올라가느냐 마느냐로 의견이 분분하다. 지난밤 바람이 씻어준 하늘은 정자 위에서 바라보면 구만리쯤 보일 것처럼 청명했다. 이 좋은 날씨에 그냥 지나치는 게 아쉽고, 경포대에 대한 예의가 아니라는 데에 뜻이 모아져 언덕을 오르기 시작한다.

 경포대는 1326년 고려 충숙왕 때 지어져 700여 년 동안 증개축하며 오늘에 이르렀다. 대관령에 오솔길밖에 없던 시절, 태조와 세조가 다녀가며 풍광을 찬탄하는 글을 남겼고, 관찰사였던 송강 정철이 가사 문학의 백미인 관동별곡을 지은 곳 중 하나다. 숙종의 어제시(御製詩)를 비롯한 명사들의 글이 정자 벽에 빼곡하게 붙어있다.

 '여기 한 누각이 호수에 임하여 마치 발돋움 자세로 날 듯하다. 비단 창문엔 서늘한 바람이 불어오고, 누대의 단청엔 아침 햇살 비춰주네. 아래로는 땅이 아득하다. 하늘은 유유하여 더욱 멀고, 달은 교교하여 빛을 더 하더라.'라는 경포대부(鏡浦臺賦)는 될성부른 나무였던 율곡이 떡잎부터 달랐을 열 살 때 지은 글이다. 오죽헌에서 경포대는 열 살 총각이 빠른 걸음으로 반 시간이면 닿을 거리다. 누각이 호수를 향해 발돋움하는 자세로 날 듯하고, 아침 햇살이 단청을 비춘다는 구절은 지금 우리가 보고 느끼는 풍광이다. 정자에 비단 창문이 있었을까? 의문은 든다.

지금은 경포호가 십 리 둘레에 갇혀있지만 이보다 서너 배 넓은 자연 생태였을 때 풍광은 훨씬 아름다웠을 것이다. 님의 눈동자와 술잔에도 달이 있다는 허풍을 옹호하고 싶은 이유다. 비단 창문도 은유적인 표현일지 모른다. 없는 것도 보일 만큼 홀리는 풍경이기에 명사들이 시를 지어 저 벽에 걸었을 것이다. 이런 역사성과 학문적인 가치를 인정받아 경포대는 2019년 보물 제2046호로 지정된다.

우리는 언덕을 올라 현판 아래 댓돌에 나란히 신발을 벗어놓고 국가 지정 보물에 차례로 안겼다. 호수 쪽으로 단을 높인 마루 좌우에 또 한 단을 높인 3단 누마루는 경포대에만 있는 구조라고 한다. 열한 명이 둘러앉기에 크지도, 작지도 않은 누각 안의 누각 품 안이 이리 포근하다. 해를 품은 호수가 이럴진대 사위가 고요한 달밤이라면 '그대 눈동자'에도 달이 있다는 메타포가 조금도 허풍스럽지 않다.

이런 곳이거늘 풍류를 좀 아는 내 친구들이 감탄만 하고 있을 리 없다. 관동팔경에 대한 소회가 이어진다. 휴전선 이북에 있는 총석정과 청간정 말고는 우리가 안 가고, 못 가 본 곳은 없다. 그중 제1경은 단연 경포대다.

　어젯밤의 흥이 살아나게 하는 풍광이다. '이 배는 달 맞으러 강릉 가는 배, 어기야 디여라 차 배를 저어라.' 노래가 절로 나온다. 합창이다. 시 낭송이 끝나자 창이 이어진다. A의 목청이 어느 때보다 낭랑하다. 누마루에 앉은 친구들이 얼쑤! 추임새를 넣었다. B가 1단 마루로 내려가 춤을 추기 시작한다. 어느새 C와 D는 2단 마루로 나가 나풀나풀, F는 건너편 3단 마루에 앉아서 너울너울 나비춤을 추었다. 배우고 익히는 데 진심이고 열심인 친구들이다. 연습도 없이, 예고도 없이 펼쳐지는 자발적이고도 즉흥적인 공연이다. 나는 서둘러 카메라를 꺼냈다. 국가 보물 안에서 펼쳐지는 공연과 누각 단청, 숲, 호수, 경포, 초당, 멀리 대관령까지 동영상으로 담는다. 기록은 기억보다 강하다. 나는 경포에서 보낸 이박 삼일의 기록을 「신 관동별곡」으로 남긴다.

놀이 인간
- 호모 루덴스

"엄마! 할머니들은 뭐하며 놀아요?"

서너 살쯤 되어 보이는 아이가 경로당 쪽을 쳐다보며 제 엄마에게 묻는다. 마주 오던 나는 아이의 궁금증이 나로 인한 것인가 뜨끔하여 내가 뭐하며 노는지를 생각한다. 나도 경로당 할머니들 세계는 모른다. 다만 예전에는 그분들이 내 엄마 세대였다면 지금은 언니 세대이다. 저 귀염둥이에게 아이 엄마가 어떤 답을 해줄지 궁금하다.

아이로 보낸 세월, 엄마로 보낸 세월, 이제 나는 저 꼬마가 '뭐하며 노는지' 궁금해하는 할머니의 시간을 보내고 있다. 한국의 법적 노인 나이는 65세지만 국제적, 또는 노인들이 생각하는 나이는 73세 전후라 한다. 이리 재나 저리 재나 노인인 나는 어릴 적에 내가 아는 할머니들과는 다른 세상을 살고 있다. 문득 저 꼬마가 할머니가 되었을 2300년경의 할머니들은 뭐하며 놀지, 대한민국은 어떻게 변해 있을지 궁금하다. 저출산으로 나라 소멸을 걱정하던 때를 비웃을지, 정말 위기에 당면했을지 기대와 걱정이 교차한다. 남북통일은 되었을까? 요새 할머니들은 호기심이 많고 활동적이라는 걸 아이에게 말해주고 싶다. 내가 가장 잘 아는 내 자매들 이야기를 아이에게 해주고 싶다.

80대 초중반인 내 큰언니의 일상은 아침 기도로 시작한다. 오전은 성당, 잠자리에 들기 전에도 기도한다. 혹여 주일을 못 지킬 때면 좌불안석인 언니가 하나님 노예 같기도 하다. 임영웅의 왕팬이다. 오후에는 친구들과 가상 화폐를 주고받으며 고도리를 친다. 나는 칩으로 사용한다는 감 씨를 모아두었다가 언니를 만날 때 준다. 엔도르핀이 퐁퐁 솟고, 수를 세며 노니 치매 예방이 될 거란다. 돈이 오가지 않는 건실한 놀이라는데 내가 보기에는 중독 같다.

캐나다에 사는 둘째 언니는 형부와 날마다 골프장에 간다. 겨울에는 따뜻한 플로리다에 가서 치고 오기도 한다. 뭐든지 계속하면 관성이 생긴다. 경제력, 건강, 열정이 있어 가능하고, 꾸준히 해서인지 건강하시다. 교회도 열심히 다닌다. 동서고금 보살필 양이 많으신 하나님 아버지는 매우 바쁘시겠다. 종교 활동은 노동과 놀이 중 어느 편에 속할까. 즐거우면 놀이, 목회자에겐 노동일 것이다.

셋째인 나는 잘 논다. 노느라고 놀 시간이 없다. 아침에 EBS 반디 앱으로 방송을 듣는다. 음악 방송도 이어 듣는다. 영어는 들리기도 하고 안 들리기도 하지만, 놀이니까 상관

없다. 신문, 책 읽기, 글쓰기, 라인댄스, 팝송 영어, 뜨개질, 수채화, 도서관, 미술관 등등 잘 놀기 위해 잘 나다닌다. 세상은 넓고 놀 일은 많다. 곳곳이 내 놀이터다.

일삼아 놀기 바쁜 나도 가끔은 앉아서 구멍 난 양말을 깁는다. 명절 때마다 남편은 식구들에게 양말을 선물한다. 양말 부자인 나는 그런데도 헌 양말에서 잘라둔 쪼가리를 해지려고 하는 양말 안쪽에 대고 꿰맨다. 하루 걷기를 하면 엄지발가락 부분이 금방 해진다. 나는 꿰맨 양말을 자랑하고 싶은데 청승 떤다고 할까 봐 운동할 때만 신는다. 누가 봐도 별난 취향이긴 하다. 어릴 때 내 양말은 내가 기웠다. 그때는 긴 겨울이 심심해서 그랬다면 지금은 내 안에 있는 어릴 때 내가 양말을 깁자고 부추긴다. 좋아서 하는 일은 놀이, 하기 싫어도 해야 하는 노동과 다른 점이다.

넷째는 뭐하며 노는지 모르겠다. 곰곰 생각해도 정리가 되지 않아 일부로 전화해 42분 동안 대화를 나누었다. 그래도 모르겠다. 시험에 나온다면 답을 못 쓸 것 같다. 일주일에 세 번 요가 교실에 가는 거 말고는 놀이라고 특정 짓기 애매한 것들만 해서 그렇다. 동생은 쓸고 닦기 전용 인간 청소기다. 그래서 집구석에 먼지 한 톨 안 보인다. 실내 자전거를 타며 TV를 시청한다. 유산소 운동한다며 맨날 걷는다. 요리도 잘한다. 혈당 관리가 철저하다. 본인도 자신이 하는 것이 놀이인지 노동인지 모르겠단다. 채점자도 모르겠다는 정답을 내가 어이 알겠는가.

다섯째는 아프다. 누구보다도 잘 놀던 동생이다. 등산, 여행, 테니스, 스키를 타며 놀았던 막내다. 기억을 잃어가고 있다. 아기로 돌아가고 있다. 동생과 놀아주기 위해 자매들이 자주 만난다. 잘 놀아주기 위해 늙은 언니들이 모두 요양보호사 자격증을 땄다. 언니가 막내를 위해 기도할 땐 나도 진심으로 동참한다. 하나님께 대놓고 아부한다. 뭘 못하겠는가.

전후 어려운 시기에 유년기를 보낸 언니들에 비해 동생들은 대체로 여유로운 환경에서 자랐다. 막내가 아프고 넷째가 당뇨가 있어 우리 자매들의 현재 건강 순위는 뒤집혔다. 엄마 전성기에 태어난 순서대로 큰언니, 둘째 언니가 건강해 동생들을 물심양면으로 챙긴다. 자매들은 생김, 성격, 취향은 제각각이어도 엄마를 닮아 부지런하다. 특히 반찬 만들기 좋아한다.

엄마 생전에 우리집에 오시면 심심하다며 일거리를 내놓으라 하셨다. 마늘을 내드렸더니 금방 까놓고 또 심심하다며 일거리를 찾으셨다. 시장 구경을 좋아해 이것저것 사다가 냄비마다 끓여 놓는다. 예전에는 노동이었을 텐데 노년에는 놀이가 된 듯하다. 잠시도 가만히 안 있는다, 아니 못 있는다. 우리 모녀들은 동굴에 살던 때에 태어났다면 심심해서 벽화를 그렸을지도 모른다. 천상 놀이하는 인간의 후예들이다.

대통령의 시간

 세종로 1번지로 가고 있다. 몇 갈래 길이 있지만 경복궁 안을 통하기로 한다. 경회루를 오른편에 두고 뒤쪽으로 가는 길은 궁궐 속에 이런 길이 있을까 싶을 만큼 고즈넉하고 아름답다. 인왕산의 호위를 받으며 경내를 시나브로 걷다 보면 담장 너머로 청기와 지붕이 보인다.
 청와대의 총면적은 25만 3,505㎡로 창덕궁에 후원이 있듯이 경복궁의 후원이던 곳이다. 일제강점기이던 1939년 일본은 경복궁 안에 있던 총독 관저를 이곳으로 옮겨 짓는다. 해방 후엔 미군정청장의 관저였다가, 1948년 대한민국 정부가 수립되며 대통령 관저가 된다. 경복궁의 '경'과 후원으로 나가는 신무문에서 집자해 이승만이 지은 경무대다. 1960년 윤보선이 집권하며 독재와 부정부패의 이미지를 지우고자 청와대로 개명해 오늘에 이른다.
 대통령 관저가 용산으로 옮긴 후 청와대가 일반에 공개

되었다. 함부로 갈 수도, 넘볼 수도 없던 곳이다. 문민 대통령 집권 때부터 집무실 이전 계획은 꾸준히 도마 위에 올랐었다. 김영삼과 문재인은 광화문 정부서울청사로, 김대중은 과천청사로, 노무현은 세종시로 옮기려 했으나 경호와 비용, 헌법상 문제로 뜻을 이루지 못한다. 여러 대통령이 추진한 걸 보면 이전할 이유가 있었으리라. 다만 전임들이 생각하지 않았던 용산 국방부 청사로 옮긴 건 파격이다. 나는 주위의 우려와 반대를 무릅쓰고 관저를 옮긴 윤석열이 그런 뚝심과 추진력으로 '홍익인간 재세이화'의 이념을 실현해 부디 성공한 대통령이 되길 바란다. 그가 대통령이 되는 과정이 하도 극적이어서 어쩌다 된 것 같기도 하고, 하늘이 내린 자리라는 말이 있으니 예정된 자리인가도 싶다.

전직 대통령 열두 분은 74년 동안 이곳에서 나라를 이끌어 왔다. 대한민국을 세우고, 단군 이래 최대 부흥기를 일구고 민주화, 경제화의 초석을 놓은 분들이다. 전쟁으로 폐허가 된 나라에서 자란 세대에겐 오늘의 풍요가 기적이다. 북쪽의 전쟁광 세습 3대와 대치하며 이룬 기적이어서 더욱 그런 생각이 든다.

건국 대통령에 대한 치적이 63년 만에 재조명되며 이승만기념관 건립이 추진되고 있다. 최근 「건국 전쟁」이라는 다큐 영화로 부정적이기만 하던 이승만에 대한 평가가 달라지고 있다. 어렸을 때였고, 시골에 살았던 때문인지 6.25, 4.19, 5.16은 우리나라 현대사에 큰 획을 그은 사건들임에도 내겐 소수점이 있는 숫자로 익숙하다.

　박정희는 선거법을 바꿔가며 장기 집권해 경제 발전을 이루지만 독재자라는 오명을 안고 비참한 최후를 맞는다. 전두환은 전임자의 전철을 밟지 않으려는 듯 권좌에서 내려왔지만, 현대판 유배와 감옥살이를 한다. 직선제 이후 대통령들의 행로도 그리 순탄하지 않았던 건 국민의 기대가 너무 컸던 때문이 아닌가 싶다. 이제 존경받으며 노후를 편히 보내는 대통령을 보고 싶다. 사후엔 치적을 기리며 진정 고마움을 표할 수 있는 그런 대통령이 보고 싶다.

　박근혜의 잘못은 무엇인가. 탄핵 되는 상황을 만들지 않았어야 했다. 구중궁궐 같은 대통령 관저를 보자 문득 든 생각이다. 영부인의 품격을 수식한 그의 어머니, 육영수를 기리며 옛 본관이 있던 자리를 찾았다. 당시 청와대 구조는 1층에 대통령 집무실이 있고 2층에 가족이 살았다. 명절날 현관 앞에서 세 자녀와 찍은 가족사진은 단란한 가정의 표본이었다. 세상사 영원한 것이란 없다. 유유히 흐르던 강물이 낭떠러지를 만나면 폭포가 됨이 세상사를 일깨운다.

　대통령들이 심었던 나무들도 곳곳에 있다. 어느 분은 감나무를 심고, 또 어느 분은 모감주나무를 심었다. 나무 한 그루에도 심은 분의 성향과 사연이 담겼을 것이다. 인걸은 가도 감이 익어가고, 모감주 씨앗은 비상할 바람을 기다리며 여물어 가는 가을이다.

　옛 본관이 있던 표지석 주변을 둘러보며 문득 떠오르는

단상이 있다. 박정희 재임 시 대통령과 국무위원들이 연초에 전국을 돌며 국정을 챙기는 연두순시를 했다. 그때 나는 의료팀으로 차출되어 경기도청에서 충북도청까지 대통령을 수행했다. 엄격한 신원조회를 거쳤으니 수행팀 맞다. 그런데도 대통령 그림자도 보지 못하고 수십 대의 차량 맨 끝에서 따라갔다. 가는 동안 주변으로 움직이는 차량은 전혀 없고, 도로 양편 언덕 위에 경호원들이 일정 간격으로 등을 보이고 서 있었다. 신호 받지 않고 달려서인지 청주까지 시간이 오래 걸리지는 않았다. 문제는 돌아올 때 앰뷸런스에 문제가 생겨 몇 시간을 도로에서 발이 묶인 것이다. 고물 응급차로 대통령을 수행하겠다고 나선 전시 행정의 일면이었다. 훗날 박정희의 최후를 보며 바깥 경호가 철저해도 적은 수하에 있었고, 최대의 적은 자기 안의 권력욕이라는 생각이 들었다.

세종로에 세종대왕의 동상이 있다. 경제 대국 대한민국의 발판을 만든 대통령도 역사가 기억할 것이다. 후손에게 가난을 물려주지 말자며 파독 광부들 앞에서 눈물을 보이던 대통령! 치열하게 살았던 시대의 향수를 시닌 나는 우연이지만 대통령과 함께한 짧은 시간을 영광으로 여긴다.

1991년 청와대는 새로운 시대를 맞는다. 낡고 협소했던 옛 관저는 취임하는 대통령마다 고쳐서 쓰다가 노태우 정부 때 지금의 본관과 관저, 춘추관을 신축한다. 옛 청와대 건물은 경복궁 안에 있던 중앙청과 함께 김영삼 정권 때 철

거되었다. 민주화의 화신다운 결정이었지만 꼭 그래야만 했을까. 기념물로 남겨 후세에 경종을 울리자는 의견도 있었다. 베를린 중심에 있는 카이저빌헬름기념교회는 2차대전 때 폭격 맞은 그대로 두고 있다. 전쟁의 비참함을 알리는 역사 현장이자 교과서의 역할이라 한다.

  경제 대국이 되어도 번듯해진 대로나 다리 이름이 모두 조선 시대 인물로 채워져 있다. 우리 삶이 윤택해지는데 훌륭한 리더가 없었다면 가능했을까? 이제 대통령의 이름을 딴 공항에서 비행기를 타고, 도로를 달리며 그들의 노고를 기리고 싶다.

애국 시민 운동사

　국제 금융재벌들은 한국의 강한 민족성을 너무 얕잡아보았다. 민족정신이 강한 나라는 외세의 압력에 쉽게 굴하지 않는 법이다. 고립무원의 처지에 빠진 한국인들은 나라를 구하겠다는 일념으로 너도나도 금 모으기 운동에 나서 정부를 도왔다. 외환보유고가 완전히 바닥난 상태에서 외국의 채권자들은 금과 은을 채무 상환지급 수단 방식으로 흔쾌히 받아주었다. 한국 경제는 가장 어려웠던 1998년 여름의 악몽에서 완전히 빠져나오면서 빠르게 수출을 회복했다.

'화폐를 통제하는 자, 모든 것을 지배한다.' 국제 금융재벌들의 이야기를 쓴 쑹훙빙의 『화폐전쟁』 347페이지 내용이다. 금 모으기 운동은 1907년 국채보상운동과 2007년 서해안 기름 유출 당시 자원봉사와 함께 역사에 남을 3대 시민 애국 운동으로 불린다.

금 모으기에 참여한 사람은 351만여 명으로 약 227톤이 모아졌다. 4가구당 1가구꼴로 평균 65g을 내놓은 것이다. 이 중 21,000여 명은 187kg을 헌납했고, 1,735명은 1백31kg을 국채를 사는 형식으로 위탁했다. 당시 시세로 21억 7천만 달러였다. 이를 통해 예정보다 3년 앞당겨 IMF로부터 지원받은 195억 달러의 차입금을 모두 상환해 국가 부도 위기를 모면한다.

1997년 금 모으기 운동을 보며 대구광역시는 「국채보상운동기념공원」을 만든다. 공원 앞 큰길은 「국채보상로」가 된다. 90년 사이에 일어난 두 사건은 경제적 수렁에 빠진 나라를 구하기 위해 자발적으로 일어난 시민운동이다. 대구시가 그분들의 애국심을 기리기 위해 공원 이름과 도로명을 새로 만든 것이다.

일본은 대한제국의 외교권을 빼앗은 다음 경제를 예속시키고자 반강제적으로 차관을 제공한다. 갚을 능력이 없는 줄 알면서 억지로 빌려준 것이다. 돈은 1907년에 이르러 1,300만 원에 달해 대한제국의 경제는 일본에 예속되기 시작한다. 제일 먼저 대구의 애국지사들이 일어났다. 차츰 전 국민이 호응해 남성은 술과 담배를 끊고, 여성은 반지와 비녀를 내어놓는다. 기생과 걸인, 심지어 도적까지도 의연금을 내는 등 국민 네 명 중 한 명이 참여했다고 한다. 결과적으로 차관을 갚는 데까지 이르지는 못한다. 다만 그해 헤이그에서 열린 만국평화회의에서 한국의 국채보상운동이 알려지며 외채로 시달리는 다른 피식민지에 큰 자극을 준다. 서해안 기름 유출 사건 때도 시민의식이 발현한다.

  2007년 12월 7일, 태안 앞바다에서 삼성중공업 해상 크레인과 유조선(허베이 스피리트호)이 충돌한다. 손쓸 새 없이 1만2천547㎘의 기름이 쏟아져 나와 서해는 검은 바다가 된다. 최악의 해양오염 사고로 기록된 사건이다. 만리포, 천리포의 아름다운 해안은 기름으로 뒤덮인다. 양동이로 퍼 날라도 바다는 여전히 검었다. 탄식만 하며 바라보고만 있을 국민이 아니다. 자원봉사자들이 검은 해안으로 모여들었다. 숫자가 나날이 늘어 주말이면 거대한 인간띠를 형성했다. 돌을 들춰 기름을 닦아냈고, 바위 사이에 낀 기름까지 닦아가며 그렇게 기적의 바다를 일궈냈다. 태안은 희망의 성지로 거듭났고, 그곳은 대한민국 국민의 저력을 보여주는 역사적 상징이 된다. 선진국이 되는 이유가 있다.

  국채를 갚으라고 반지와 비녀를 내놓은 여인들이 존경스럽다. 해변에서 기름을 닦던 아름다운 사람들을 생각하면 가슴이 뭉클해진다. 나는 이런 나라의 국민이어서 행복하다.

  현재 우크라이나와 러시아가 전쟁 중이다. 중동도 전쟁 중이다. 호전적인 인물들이 통치 중인 나라들이 있어 국제정세가 불안하다. 그래서 안전 자산인 금값이 자꾸 오른다.

  후회하지 않는다. 1997년, 그때로 돌아가도 나는 금 모으기 대열에 설 것이다. 우리집엔 금붙이가 꽤 있었다. 팔찌와 가락지는 결혼할 때 예물로 받은 것이다. 첫아이를 낳았을 때 친정엄마가 포대기와 금반지를 보내주셨다. 삼척 살 때 바다를 통해 공비들이 들어왔다. 곧 전쟁이라도 날 것 같은 분위기여서 여윳돈이 생기면 금을 샀다. 피난 갈 때 들고 갈 작정이었을까. 시대가 불안하니 그런 생각을 했다. 준비성 많은 백성이었다. 남편이 상으로 받아온 금송아지도 있었다. 뜻이 담긴 것만 두고 나머지는 다 내어놓았다.

  금값이 올랐다고 하면 나도 인간이니까 얼마인가 계산할 때도 있다. 곧 피식 웃는다. 가지고 있을 때 집에 도둑이 들까 불안하기도 했었다. 그것으로 역사에 남을 애국하고, 무소유의 자유를 누리지 않았나.

  이제 말할 수 있다. 집에 금송아지가 있을 때는 있다는 자랑을 못 했다. 허풍쟁이나 하던 자랑, 금송아지가 없는 지금 애국한 자랑질을 하고 있다.

독자들께

 고희 때 기념 수필집을 발간했다. 출판사에 원고만 보내면 편하게 끝낼 일을 표지 디자인과 본문 삽화까지 직접 하느라 준비 기간이 길었다. 제(題) 자도 용감하게 내가 썼다. 표지 디자인은 고희를 뜻하는 칠십 번의 동그라미를 그려 나이테를 형상화했다. 분홍 계열의 물감으로 그렸더니 파격적인 표지가 되었다. 본문 삽화 23점을 펜화로 그리길 잘했다.
 표지가 화사해서 꽃길만 걸어온 줄 알겠다. '바람에 흔들리지 않고 피는 꽃이 어디 있으랴.' 비바람 맞으면서도 열심히 살아온 내 삶에 물 한번 제대로 들이고 싶었다.
 책을 처음 받은 사람은 당연히 남편이다. 사인해 정중하게 건넸다. 내가 글을 쓸 때 남편은 조용히 마실 걸 가져다 놓고 나간다. 갓 나온 따끈따끈한 글을 가장 먼저 읽어주는 이도 남편이다. 처음엔 조언을 해주기도 했다. 언제부턴가

의견을 보탤 글이 아니라며 읽기만 한다.

그해 가을, 동문회 때 책을 배부해 축하를 많이 받았다.

책을 보내준 이틀 만에 "이모! 다 읽었어요."라며 경아 조카의 애교 섞인 전화를 받았다. 속독으로 두 시간 만에 독파했단다. 20년 걸려 쓴 글을 두 시간 만에 읽어치우다니! 지니어스는 다르다.

작은아버지가 축하 전화를 해주셨다. 윗대에 책 낸 분이 있다는 애기를 들어보지 못했으니 아마 조카가 처음인 것 같다고 칭찬해 주셨다. 엄마가 결혼해 150여 호가 모여 사는 집성촌에서 살 때 도포에 갓을 쓰고 큰댁 사랑방에 모여 글을 읽는 할아버지들이 신선 같더라는 둥, 남용기 할아버지가 프랑스 파리 대학을 나왔다는 둥 믿기지 않는 말씀을 해 뻥 치시는 줄 알았다.

『우담바라』의 작가 남지심 씨가 그 집성촌에서 어린 시절을 보낸 글 중에 남용기 할아버지가 동양인으로 처음 소르본느대학의 유학생이었다는 내용이 들어있다. 엄마 말을 안 믿은 게 죄송했다. 할아버지들은 몰라도 남지심 씨를 보더라도 내가 처음 아닌 것은 확실하다.

30년 지기에게 책을 보내주겠다고 하자 구매해 읽겠다며 제목을 알려달라고 했다. 며느리가 어머니 아는 분 중에도 글 쓰는 사람이 있느냐고 해 어깨가 으쓱했다고 한다.

구매해 읽겠다는 분이 의외로 많았다. 그 말을 듣고 광화문 교보문고에 가보았다. 수필 코너를 둘러보아도 찾을 수 없어 직원의 안내를 받아 구석에 있는 나의 책과 어렵사리 만난다. 백화점에서는 떨이용 물건을 매대 위에 올려놓는다. 서점은 베스트셀러나 유명 인사의 신간이 매대 위에 있다. 쭈그리고 앉아 독자인 척 허세를 부리며 나의 책을 펼쳤다. 표지에서부터 아마추어가 디자인한 티가 푹푹 났다. OO대학교 도서관에 내 책이 있다는 정보가 SNS에 떴다. 필자가 제 자, 표지 디자인, 본문 삽화까지 그린 책이라서 그런가. 나의 추측이다.

초등학교 3학년인 태원이가 담임선생님과 특별활동 지도 선생님께 책을 드리고 싶다고 했다. 손자가 자랑하고 싶은 할머니가 된 것이 기쁘다. 누가 뭐래도 최고의 독자는 남편이다. 머리맡에 두고 군데군데 포스트잇을 붙여가며 읽었다. 듣기 좋아하는 말을 잘 못하는 사람인데 자식들과 문집을 내주며 정중하게 말했다.

"잘 나이 들어 주어서 고맙소. 장하오."

영원한 내 편! 이 글을 빌어 고마운 마음을 전한다.

졸저에 축하와 격려를 해주신 독자님들 고맙습니다.

자연을 꿈꾸며

 가까운 곳에 생활협동조합이 운영하는 가게가 있다. 지인들이 드림권역이라고 부러워하는 최단 거리다. 온라인으로 주문할 때도 있지만 시간이 걸리므로 점포가 가까우면 편리하긴 하다. 주로 농. 축. 수산물과 국내에서 생산한 재료로 만든 가공식품(라면. 빵. 국수류. 등)과 화장품, 세제 같은 생활용품을 판매한다.
 처음에는 내가 단순한 소비자인 줄 알았다. 조합 운영의 일원이 되는 주인 소비자가 되는 것이었다. 몇 년 지나 조합원 중에서 뽑는 대의원이 되어 구례, 괴산에 있는 공장과 산지를 견학하며 생산자들을 만났다. 그러면서 좋은 식재료에 대한 상식이 꽤 늘었다.
 달걀에 찍혀있는 번호 끝자리는 사육환경에 따라 1에서 4까지 매겨진다. 1은 방사해 기르는 닭이 낳은 번호다. 어렸을 때 내 새벽잠을 깨우던 우리 닭처럼 자유롭게 돌아다니며 사는 닭이다. 〈00드림〉에서 판매하는 달걀은 지붕이 있는 시설에서 방사한 닭이 낳은 2번으로 유전자 변형 사료를 먹이지 않는다. 좁은 공간에서 24시간 불 켜놓고 알을 뽑아내다시피 하는 달걀에는 4가 찍힌다. 가장 저렴하다. 3은 4보다 닭장 평수가 조금 넓지만 역시 4처럼 아파트형 닭장이다. 유정란은 행복한 닭이 낳은 달걀이라는 우스개가 있지만 영양가는 무정란과 비슷하다고 한다. 알 속에 정소가 있어 구별된다.

유기농산물은 농약과 화학비료를 사용하지 않고 퇴비로 기른 것이다. 농약은 사용하지 않고 화학비료를 적정선에서 준 것은 〈무농약〉으로 표시된다. 우사(牛舍)에서 나오는 부산물로 벼농사를 짓고, 그 볏짚을 사료로 이용하는 것이 순환농법이다. 오리와 우렁이도 일조해 생산하는 이 쌀을 오분도로 찧은 걸 나는 즐겨 먹는다. 현미는 거칠고 백미는 부드러운 대신 영양 소실이 많기 때문이다. 가격은 조금 비싸나 친환경농법이 지속되려면 꾸준한 소비가 있어야 한다는 것도 배웠다.

단순 소비자였던 내가 지역 내의원까지 된 계기가 있다. 회원 마을 모임을 시작하면서 캐치 플레이가 뜨개질이었다. 솔깃한 제언이었다. 재료를 공동 구매해 눈썰미 있는 젊은 회원들과 머리를 맞대고 뜨며 색다른 재미가 붙었다. 오랜만에 무언가에 열중하는 즐거움으로 가방, 수세미, 모자를 떠서 지인들에게 선물하기도 했다. 모임을 통해 물품이나 운영에 대한 건의도 자연스럽게 이루어져 뜨개질에만 코가 꿰인 게 아니라 〈00드림〉에 코가 꿰였고, 대의원도 하게 된 것이다.

회원들은 나를 대장이라 부른다. 길에서 만난 회원의 초등학생 아들도 대장님! 하고 불렀다. 할머니라 부르라 해도 대장님이잖아요 하며 싱긋 웃는다. 나이 대장인 줄은 알지만 정겹다. 나이 대장도 대장이니 대장 노릇을 하려고 가끔 회원들을 집으로 초대한다. 진달래꽃 필 때 화전을 부치고, 비 오는 날엔 부침개를 부쳐 막걸리를 마시기도 한다. 좋은 먹을거리로 건강해지는 것보다 모임을 통해 정보를 나누고 함께하는 챌린지 활동으로 더 건강해진다는 믿음이 생겼다.

봄, 가을마다 하루 6000 보 걷기, 과일, 채소 500 그램 이상 먹기, 물 1500cc 이상 마시기를 통해 건강 습관을 체화하고 있다. 덕분에 꾸준히 채소를 먹게 되었고 어지간한 거리는 걸어 다닌다.

내가 가장 중요하게 여기는 것이 소모임 활동이다. 나는 둘레길 걷기와 미술관 투어, 필사 모임에 참여하고 있다. 리더는 조합원 중에서 재능 기부한 분들이다.

봄에 혼자서는 엄두 내지 못했을 북악산 둘레길을 열 명이 걸었다. 걷기 챌린지를 통해 체력을 기른 덕분에 뒤처지지 않고 걸을 수 있었다. 조건이 맞으면 맨발 걷기도 한다.

필사 모임에 갔다가 농사동아리와 연이 닿아 2년째 농작을 즐기고 있다. 미술관 투어는 문화적 향취를 느낄 수 있는 최고의 소모임이다. 4월엔 시립미술관, 5월에 중앙국립박물관, 6월은 리움, 7월에는 덕수궁미술관에 다녀왔다. 8월에는 국립현대미술관에 간다.

　뭐든 아는 만큼 느끼고 즐길 수 있다. 즐기다 보니 나는 점점 더 빠져들고 있다. 아로마, 베이커리, 바리스타, 서예, 민화 등 여타 소모임에도 참여해 보려고 한다. 즐기다 보면 한 달이 훌쩍 지나가 심심할 새가 없다. 좋은 먹을거리만 제공하는 게 아니라 여가를 즐길 환경을 만들어 주어서 더 좋다. 가끔 딸 또래 회원이 대장님처럼 나이 들어가고 싶다고 말할 때 고맙고 긴장된다. 잘 나이 들어가야겠다는 각오를 다지게 하는 말이어서 나를 더 살피게 된다. 우리는 자연의 꿈을 함께 가꾸어 가는 사람들이다.

2

시옷별

작은 새(This little bird)

　바람 위에서 태어나, 바람 위에서 잠을 자고, 바람 속에서 살라고 누군가 세상에 내려보낸 작은 새, 햇살도 지나칠 만큼 얇고 우아한 하늘색 깃털을 가진 작고 연약한 새. 인간의 시선이 닿지 않는 높은 하늘로 날아간 새가 오직 땅에 닿을 때는 그 작은 새가 죽어서라네.

　「This little bird」 노랫말의 요약본이다. 테네시 윌리엄스의 희곡 「오르페우스의 환생」 중 '바람 속에서 잠자는 새가 오직 죽을 때만 땅에 내려온다'라는 대사에서 가져왔다는 노랫말이다. 나는 묵직한 의미가 담긴 'sleeps on the wind'를 뭣도 모르고 산들바람에 나뭇가지 흔들리듯 살랑살랑 불렀던 게 부끄러워진다.
　「팝송 영어」를 배우며 반세기 전에 유행했던 「This little bird」에 다시 꽂혔다. 1960년대 영국의 마리안느 페이스풀이 불러 히트한 노래다. 나는 가사보다 wi~nd 멜로디와 그녀의 청순한 외모에 더 끌렸다. 엘리자베스 테일러나 소피아 로렌의 육감적인 이미지와 다른 순수하고 상큼한 매력이 있었다. 런던대학 교수인 아버지와 오스트리아계 명문 귀족 혈통의 어머니 사이에서 태어나 집안 전통에 따라 수녀원에서 운영하는 학교에 다녔다고 한다. 신이 백 사람에게 나눌 걸 실수로 한 사람에게 몰아주지 않았나 싶을 만큼 좋은 환경과 능력과 외모를 타고난 것이다.

나는 「그대 품에 다시 한번(The girl on a motorcycle)」이라는 영화가 개봉될 때 조각 미남이라는 알랭 드롱보다 그녀를 제대로 보려고 극장에 간다. 얼굴 가득(face full) 빛이 나는 페이스풀은 「햄릿」에서 여배우들의 꿈인 오필리아 역을 맡았었다. 가장 빛이 났던 거기까지만 볼 걸 그랬다. 영화도 기대만큼은 아니었고 청순파라고 여겼던 마리안느에게도 속은 느낌이 들었다. 내가 모르는 그들만의 세계가 있었다는 걸, 위태롭게 하늘 위를 날고 있었다는 걸 알게 된다. 그래서 땅에 처박혀버릴 것 같았고, 영화에서도 오토바이를 타고 옛 애인을 찾아가다가 사고로 저박힌다.

- 교사 레몽과 결혼한 레베카(페이스풀 分)는 다니엘(알랭 드롱 分)과 뒤엉기는 관능적인 꿈에서 깨어나 몽환적인 표정으로 침실을 빠져나온다. 엄격하기로 소문난 우리나라 외화 검열관도 잘라내지 못한 매혹적인 알몸 뒤태였다. 맨몸에 꽉 끼는 검정 가죽 슈트를 입은 그녀는 다니엘이 결혼선물

로 준 할리데이비슨을 타고 남자를 찾아간다. 영화는 도로변 풍경과 정사 회상으로 이어지다가 하이델베르크에 거의 다다라 트럭과 부딪히며 공중으로 날아오른다.-

나쁜 남자는 각본에만 있는 게 아니었다. 운명은 그런 남자들이 득시글거리는 세계로 마리안느를 이끈다. 여름 방학 때 친구와 롤링 스톤즈의 론칭 파티에 놀러 갔다가 길거리 캐스팅을 당한 것이다. 순진한 표정에서 풍기는 섹시 매력을 알아본 롤링 스톤즈의 매니저는 그 자리에서 계약을 체결했고, 열일곱 살이던 마리안느는 학교로 돌아가지 않고 가수의 길로 들어선다. 곱게 자라 세상 물정을 몰랐거나, 규칙에 억눌렸던 자아가 폭발했거나, 도화(桃花) 끼를 타고 난 것일지도 몰랐다.

무명이던 롤링 스톤즈는 세계적인 록 그룹으로 성장하고 그들의 뮤즈이기도 한 마리안느도 리드 보컬이던 믹 재거가 작곡해 준 As tears go by를 불러 유명해진다. 그들과 어울리며 노래 잘하고 예쁘고 스타일 좋은 그녀는 팝과 은막과 패션을 아우르는 시대의 아이콘이 된다. 훗날 자서전에서 믹 재거가 자신을 구원하러 온 구세주인 줄 알았다고 했을 만큼 17세에 데뷔, 동료 가수와 결혼해 아이 낳고 20세가 되기 전에 이혼한 것도 구세주라고 믿은 믹 재거 때문이었다. 록의 악동들이 모인 롤링 스톤즈는 구르는 돌처럼 하루도 조용한 날이 없었다. 60년대 런던은 마약 소굴이었다. 그 돌무더기 속으로 굴러 들어간 마리안느는 자신도 모르는 사이에 명성과 마약과 성의 쾌락에 중독된다. 얼마나 깊고 빠르게 중독되었는지 그 소굴에 있던 악동들도 감당하기 어려운 지경에 이르고, 일명 '레즈렌드 별장사건'이 터지며 그녀는 한순간에 추락해 길에 내버려진다.

"난 항상 도망가고 싶었고, 그래서 「This little bird」에 가장 끌렸다'라고 했던 말이 이 노래를 부를 때마다 마음에 와닿는다. 생명을 가진 누구라도 누군가에 의해 세상에 보내져 바람 속에서 살아가는 존재들이다. 사는데 골몰해 나도 그의 올드팬이었다는 사실조차 잊어버리고 살았다. 문득 그의 근황이 궁금해 검색창에서 마리안느 페이스풀을 올려보았다. 어머나!

천사의 얼굴을 한 창녀, 퇴폐의 요정, million cigarette voice(백만 개비 담배를 피운 목소리)라는 제목이 줄줄이 떴다. 스스로 'dirty little girl'이었다고 했던 '갈 데까지 갔던' 여자는 마약, 자살 시도, 노숙자, 퇴폐, 유방암 등 모진 태풍을 견뎌내고 우아한 할머니로 돌아와 있었다. 「이리나 팜 Irina Palm」의 주인공 매기 역으로 내면 연기자로의 변신에 성공했다는 호평도 떴다. 병든 손자의 치료비를 벌기 위해 빈민가 매춘굴에 취직해 이 계통의 전설적 인물로 알려지며 이웃 업소의 스카우트 제의까지 받는다는 줄거리다. 시사회가 끝난 후 기자회견에서 페이스풀은 파격적인 직업을 연기한 소회를 담담하게 밝혀 박수를 받는다.

'내 삶은 나의 책임, 나는 여전히 그 삶을 살고 있고, 끝

나려면 아직 멀었다.'

 비난, 찬양, 수치심 모두 담담하게 받아들이며 오뚜기처럼 다시 일어나 삶을 이어가고 있는 내 젊은 날의 아이돌! 늙은 새가 되어버린 그녀가 산들바람 속을 날다가 내려올 때는 사뿐하게 착지하기를 바란다.

안 갔으면 어쩔 뻔!

안 왔으면 어쩔 뻔!

그랬으면 나는 안산에 대해 무지했을 것이고, 가을 추억 하나를 놓치고도 놓친 줄 모르고 살아갈 것이었다. 압구정역 부근에서 출발한 버스는 고속도로와 지방도로와 방조제를 지나서 백여 분 후 탄도항에 닿았다. 엎어지면 코 닿을 수도권역에 이런 멋진 바다가 있다는 걸 잊고 살았으니 안 왔으면 정말 어쩔 뻔!

오는 동안 연예인 같은 입담으로 조금도 지루할 틈이 없이 웃음을 준 사회자기 낸 퀴즈 문항에도 있었던 월간 『수필문학』. 통권 376호를 발간한 35년 전통 문예지의 추천작가로 문향 그득한 이 공간 안에 있다는 게 뿌듯했고, 선약을 파기하고 오길 잘했다는 생각이 거듭 들었다.

집결지인 탄도항에 도착했을 때 앞바다는 열려 있었다. 누에섬으로 인도하는 일명 '모세의 기적 길'을 걸으며 떠오

르는 노래 한 구절. - 바다가 육지라면 이별은 없었을 것을 -

그 바다가 이 바다는 아니었을 터이지만 K-팝으로 지구촌이 들썩이는데 호랑이 담배 피우던 시절 노래를 떠올리다니 나도 참 옛날 사람이다. 옛날 사람이니 둑을 쌓고, 바람과 조류를 이용하는 시설들이 새삼 대단해 보이는 게다. 대한민국의 잘록한 허리였던 서해 경기만을 가른 방조제 하단을 드나드는 조수간만 차를 이용해 발전을 하고, 모세의 기적 길에 풍력발전기가 돌아가는 모습이 상전벽해를 보는 느낌이다.

시화호가 시흥과 화성의 두음 집합인 것도 오늘 알았다. 화성에서 오이도로 이어지는 긴 방조제도 경기만 앞을 버티고 있는 대부도가 있어 가능했을 것이다. 탄도항에서 방아머리 해변으로 가는 도로명이 당당해 보이는 까닭이다. 대부황금로다. 도로 양편에 늘어있는 포도밭을 보며 내가 안다고 생각했던 대부도가 고작 포도였다는 게 부끄러울 지경이다. 바다향기수목원, 동주염전, 유리섬박물관, 종이미술관, 와이너리가 있다는 안내판이 길목마다 있다.

탄도항에서 가까운 곳, 혹여 그럴 일이야 없겠지만 「대부광산퇴적암층」을 혼자 보러 왔더라면 쓸쓸할 뻔했다. 화산폭발로 형성된 암벽에 둘러싸인 호수의 음울한 물빛(해가 비칠 때는 에메랄드빛이라 함)과 마모된 공룡 발자국들이 시간의 덧없음을 느끼게 한다. 연대 측정 결과 화산 발생 시기가 칠천만 년 전후라고 한다. 우리네 삶이 스치는 빛처럼 짧음을 실감하게 하는 칠천만 년의 시간! 중생대 후기에 일어난 흔적을 전망대에서 내려다보며 문우들과 함께라서 외롭지도 쓸쓸하지도 않은 축제 같은 탐방이었다.

이곳은 원래 대부광산 채석장이었다고 한다. 암석 채취 중 초식공룡 발자국이 발견되며 실사 결과 총 23개를 찾아낸다. 희귀 식물화석도 발견되어 수도권에서 유일한 중생대 지질층과 당시 식물생태를 유추해 볼 수 있는 명소가 되며 경기도 기념물 제194호로 지정되었다.

안산으로 이끈 동춘서커스를 본 소감은 길어질 것 같다. 국화빵이 그리울 때가 있듯이, 첫사랑이 그리울 때가 있듯이 막연히 옛 향수를 자극한 것이 어렸을 때 마음 졸이며 보았던 서커스였다. 우리 땅 어딘가에 서커스 극단이 있고, 그곳이 안산이고 안산행이면 공연을 보게 된다는 기대감에 설레기까지 했다.

금강산도 식후경, 서커스도 식후경이다. 방아머리 해변에서 막걸리 한잔 곁들여 바다와 가장 어울리는 음식으로 몸을 보한 후 마음을 보할 서커스징으로 향했다.

공터에 천막을 쳐서 뚝딱 세워지던 가설극장! 타임머신을 탄 아이가 천막 앞에 선다. 검표원이 줄을 세우고 손가락으로 머릿수를 세면 지은 죄도 없이 가슴이 콩닥거리던 아이, 그 아이가 옛사람 변장을 한 모습으로 98년 전통인 동춘서커스 상설공연장 안으로 들어섰다.

천막 안은 꽤 넓었고 앞쪽은 먼저 온 관객들이 차지해 두리번거리다가 중간쯤에 앉았다.

'줄을 타며 행복했지. 춤을 추면 신이 났지. 손풍금을 울리면서 사랑 노래 불렀었지'

박경애의 「곡예사의 첫사랑」에 등장하는 손풍금은 어떤 노래의 반주도 가능한 아코디언을 이른다. 손풍금도 없고, 어릿광대도 없고, 가수, 무희, 그네, 외발자전거, 동물 조련사도 등장하지 않는 21세기형 서커스였다. 돌고래도 동물 학대라고 바다로 돌려보냈으니 공연 패턴도 달라진 것이다. 곡예사 중 앳된 얼굴에서는 연민이 느껴졌다. 중국계가 대부분이라고 한다. 최선을 다해 곡예를 펼치는 공연자들에게 아낌없는 박수를 보냈다. 라스베이거스 쇼, 싸이 쇼를 볼 때는 절대로 느낄 수 없는 무언가가 서커스 곡예에 서려 있었다. 진부함, 페이소스 같은 것들이다.

대부도에서 사화집 출판회가 열리는 오이도로 이동한다. 11km 방조제 위를 달리며 짠물에서 안 짠물로 성분이 바뀐 드넓은 시화호의 미래는 어떤 모습일지 가늠조차 쉽지 않다.

햇빛이 출판기념회의장에 잠깐 들긴 했다. '석양이 있는 출판기념회'의 로망은 거기까지였다. 춤 공연, 수필낭송 프로그램도 기념회를 빛나게 했다. 고마운 분들이 많다. 사랑 가득, 선물 가득 안고 돌아오는 전철에서 묵직한 사화집을 펼쳤다. 좋은 글을 쓰겠다는 자신과의 약속을 지키지 못한 채 어영부영 살아온 내 글은 열네 번째에 실렸다. 등단 일자에 따른 순서인가 보다. 참회록을 써도 모자랄 지경에 사화집 표제가 『나를 위한 변명』을 부추긴다. 이제껏 문필을 꺾지 않은 것, 내년에도 내후년에도 쓰다 보면 조금 더 잘 쓸 수도 있지 않을까. 변명이 제대로 되었나 모르겠다. 확실한 건 안산에 오길 참 잘했다. 안 왔으면 어쩔 뻔!

필요는 발명의 어머니

어머니는 나를 발명하셨다. 나 말고도 여섯을 더 발명하셨다. 많이 필요하셨나 보다. 한 세대 후였다면 나는 발명당하지 못했을 수 있다. 셋째까지는 몰라도 나는 컷오프였을 터, 최빈국일 때 태어나 고생은 했으되 세상 구경을 하게 되어 다행이다.

왕성한 발명왕인 어머니는 자식들의 '진자리 마른자리 갈아 뉘시며 손발이 다 닳도록 고생'하셨다. 어머니는 우리의 필요를 충분히 충족시켜 주셨다. 고맙습니다. 어머니!

그런데 정작 어머니가 보살핌을 받아야 할 때 우리는 어머니에게 필요한 자식이 못 되었다. 필요는커녕 임종도 지켜 드리지 못했다. 어머니는 어머니의 발명품들이 모두 잠든 밤에 홀로 세상을 뜨셨다. 현대판 고려장을 당한 섭섭함을 삭이다 떠나셨을까? 죄송합니다. 어머니!

나는 회한에 차서 울었다. 울며 내 발명품들이 나 같더라도 이해하기로 마음먹는다. 요양원에 갈 처지가 되면 기꺼이 가겠다. 가서도 잘 살다가 배웅은 받으며 가고 싶다. 자식들이 나처럼 울면 가는 발걸음이 무거울 것 같다. 평안한 얼굴로 가고 싶다. 아니, 미소를 머금은 얼굴이면 더 좋겠다. 울며 태어났지만 웃으며 떠나고 싶다. 그 원을 이루기 위해 노력하겠다. 노력해도 안 되면 어쩔 수 없지만 시도해 보는 거다. 성공을 장담할 수 없지만, 방법을 찾아내긴 했다. 역시 필요는 발명의 어머니 맞다.

손자들이 어렸을 때는 바라보기만 해도 웃음이 나왔다. 고사리 같은 손, 천사 같은 표정, 울어도 이쁘고 응가를 해도 이쁘다. 평생 할 효도를 아기 적에 다 한다는 말에 수긍한다. 남의 아기들을 봐도 미소가 지어진다. 송아지도 예쁘고 망아지도 귀엽다. 「아기 코끼리의 걸음마」를 들어도 기분이 좋아진다.

어쩌다 남의 아기 만나기도 쉽지 않은 세상이 되었다. 살기 좋아졌는데도 아이를 낳지 않는다. 개는 많아졌다. 행복지수는 꼴등이고 자살률은 일등이란다. 최빈국일 때 태어나 선진국이 된 나라에서 비만 걱정하며 사는네 행복하지 않디니! 배고픈 건 참아도 배 아픈 건 못 참는 심리라고도 한다.

웃는 사람이 별로 없다. 음울한 시대의 집단 웃음 결핍증이다. 진단 키트는 거울이다. 안 보고 살 수 없는 거울, 보면 괴로워지는 거울이다. 나도 거울을 보며 한탄한다. 거울 속에 있는 여자도 한탄스럽긴 마찬가지다. 보다못해 비웃어주었다. 꼴 좋다!

 다음엔 비웃음에서 비(非)를 빼고 웃음만 보냈다. 안쓰러워 보이던 여자의 표정이 조금 밝아진다. 온전한 미소였다. 빙긋 웃어주면 빙긋 웃고, 방긋 웃으면 방긋 화답한다. 마주 보고 깔깔거리기도 한다. 웃고 나면 기분이 좋아진다. 가짜 웃음에도 뇌가 엔도르핀을 방출한다고, 그래서 웃음이 보약이라더니 그런가 보았다. 처음에는 웃기만 했는데 어느 때부터 대화도 나누게 되었다.

 "잘살고 있는 거예요?" "그럼요!" "오늘은 기분이 어떤가요? 아주 좋아요!"

 마음 고프고, 웃음 고플 때 특효약은 바로 웃음이었다. 이제 거울 앞이 아니어도 잘 웃는다. 미소 근육이 발달하고 있다. 점점 좋아지고 있다. 표정이 밝아지면 마음도 따라 밝아진다.

 굿 모닝! 아침에 일어나 나에게 인사를 건네며 빙긋 웃는다. 잠자리에 들면서도 잘 자라고 웃어준다. 나에게 친절해지는 법을 이제야 터득하다니!

 자신을 사랑하지 못하는 자, 누구도 사랑하지 못하리. 누가 내게 웃어주랴. 내가 웃어주겠다. 내 삶에도 미소 짓겠다.

행복한 결말

 농경시대에 태어나 산업사회를 거쳐 인공지능 시대에 사는 우리는 젊은 세대에게 배워야 곰탕 한 그릇도 제대로 사 먹을 수 있다. 부모님 세대는 오랜 연륜에서 체득한 경험으로 어른 대접, 선생 대접을 받았다. 우리 세대는 만년에 학생으로 살게 되었다. 이런 세태를 반영해 복지관에는 스마트 기기에 대한 여러 강좌가 개설되어 젊은 선생들에게 신지식을 배우고 있다. 선생들은 도처에 있다. 핸드폰만 열면 보이스피싱 조심하라. 모르는 전화가 오면 받지 마라. 지갑을 발견하더라도 주인 찾아줄 생각 말라는 등의 정보를 접하게 된다.
 그런 걸 본 터라 광장을 지나다가 누군가 두고 간 지갑을 발견했지만 나는 그냥 지나쳤다. 예전이라면 어떻게든 주인을 찾아주려고 했을 터, 이젠 그 정도는 다 안다는 듯 모두 무표정하게 지나간다. 내 자식들도 도와주려다가 낭패를 당한 사례들을 열거하며 평소 오지랖이 넓은 내게 조심하라고 거듭 당부한다. 어쩌다 그 아름다운 '친절'이 베풀지도 말고 경계해야 하는 대상이 되었는지 모르겠다.

이런 삭막한 세상에 어쩌자고 나는 며칠 전 지갑을 잃어버린다. 카드, 주민등록증, 약간의 비상금을 넣은 자그만 지갑이다. 집에서 나올 때 손가방 안에 넣은 걸 확인했는데 전철을 타려고 보니 없다. 귀신 곡할 노릇이다.

아픈 동생네로 가던 중이라 반찬 짐이 많았다. 혹시라도 짐가방에 들었을지도 몰라 바닥에 꺼내놓고 가방을 탈탈 턴 후 하나씩 다시 담았다. 애초에 그 가방에 넣지 않았으니 나올 리 없다. 합류할 언니에게 전화해 자초지종을 말하고 왔던 길을 되짚어 걷기 시작했다. 마음이 바쁘니 걸음은 저절로 저절로 빨라진다. 핸드폰까지 잃어버렸다면 언니에게 연락하지도 못했을 텐데 다행이다.

일진이 안 좋은 날은 안 하던 짓거리를 한다. 뜬금없이 여행 갈 때 매고 다녔던 가방을 꺼낸 것이다. 여권을 넣고 다녔던 가장 안전하다고 여긴 칸에 지갑을, 그 옆 칸에 핸드폰을 넣었다.

짐이 무거운데 왜 걸어갔을까? 집에서 나갈 때는 버스를 탈 생각이었다. 무엇에라도 홀린 듯 막상 나가서는 반대 방향으로 가고 있었다. 짐을 추스를 때마다 미쳤군 하면서도 날씨 좋고 컨디션도 좋은데 근력운동, 유산소운동 하자며 행군하듯 씩씩하게 걸었다.

그런데 늘 다니던 길이 오늘은 순조롭지 않다. 고가로 올라가는 엘리베이터가 작동을 하지 않았다. 계단을 걸어 올라갈 엄두가 나지 않아 연결 통로가 있는 송현빌딩으로 2층으로 올라갔다. 출구를 찾아서 헤매던 그때 가방 속에서 전화벨이 울렸다. 언니와 같이 가는 날은 약속한 장소와 시간이 맞는지 확인하는 전화가 자주 걸려 온다. 2층인 줄 알았던 연결 통로가 3층에 있어 왔다 갔다 하느라 지체된 나는 조급해진다. 서두르지 말아야 했다.

혹시 길에 떨어져 있을까 봐 바닥을 살피며 집으로 돌아와 분실신고를 했다. 카드와 주민등록증은 다시 발급받으면 된다. 비상금은 비상사태가 발생해 썼다고 생각하니 마음이 한결 편해졌다. 다만 지갑 안에 있던 주민등록증의 역할에 기대와 불안이 교차한다. 좋은 사람 손에 들어가 주소지로 돌아올지도 모른다는 바람과 '나쁜 사람 손에 들어가 대포폰을 만드는 데 쓰여 범죄에 이용'될지도 모른다는 걱정이었다. 언젠가 들었던 이야기가 걱정을 부채질한다. 그 또한 로또 당첨 확률일 것이다. 나와 상관없다고 위안하면서도 지갑이 어디서 왜 사라졌는지에 대한 의문은 가시지 않았다.

괜찮아, 괜찮아. 하면서도 괜찮지 않은 마음을 떨쳐버리려고 주민등록증 발급에 착수한다. 증명사진을 찍으러 동네 사진관에 갔다. 문이 잠겨있다. 여름휴가를 가셨단다. 며칠 사이 내 계획은 이렇게 번번이 어긋나고 있다. 어긋나서 좋을 때가 있다니!

다음 날, 주민등록증이 좋은 사람 손에 들어가기를 소원한 내 기대에 부응한 답이 온다.

'귀하의 유실물로 추정되는 물품을 보관하고 있다'라는 ○○경찰서 질서계 유실물 담당자가 보낸 메시지다. 잃어버린 지 나흘째, 주말 빼면 이틀째다. 내 지갑을 발견한 분은 습득한 즉시 경찰에 인계한 게 틀림없다. God bless you! 나의 진심이 꼭 전해졌으면 좋겠다.

경찰서에 '질서계'가 있는 줄 몰랐다. 공기처럼 여긴 세상의 질서가 그저 있는 게 아니었다. 보이지 않는 곳에서 질서를 잡기 위해 애쓰는 분들이 있다는 걸 이번 일을 겪으며 알았다. 모르더라도 경찰서에 갈 일이 없는 게 최선이기는 하다. 내 연락처를 금방 알아낸 경찰의 정보력이 이토록 놀라운데 세상에는 사기꾼이 왜 그리 많은지 모르겠다.

서류를 보고 궁금증이 풀렸다. 습득 장소가 송현빌딩 2층, 언니에게서 온 전화를 받은 곳이다. 도로와 연결된 통로를 찾아 헤매는 상황에서 전화를 받으려고 핸드폰을 꺼낼 때 지갑이 떨어진 모양이다. 다른 칸에 넣은 지갑이 어이 탈출했는지 결과를 보고도 이해가 안 된다.

현금도 55,000원인 줄 알았는데 75,000원이 들어 있다. 백 원 든 지갑을 떨어뜨려 놓고 찾아준 사람에게 천원 들어 있었다고 사기 치는 인간이 있다는데 내 돈은 40%나 불어나 있다. 얼마 들어있는 줄도 몰랐다니 이래저래 나는 푼수다.

지갑 찾아준 분께 답례하고 싶다고 하자 담당자는 물어보고 알려주겠다고 하더니 열흘이 지나도록 소식이 없다. 괜찮다고, 안 그래도 된다고 사양하셨나 싶다. 불신의 시대에 인간에 대한 신뢰를 회복하도록 가르쳐준 분! 그분께 감사하는 마음을 담아 이 글을 쓴다.

자그만 지갑! 이게 뭐라고 볼 때마다 이리 뿌듯하고 행복하다. 소소하던 지갑이 향기로운 사람의 손을 거치며 의미 있는 명품으로 재탄생한 것이다. 주민등록증은 사진관이 휴관한 덕분에 폐기를 면했고, 카드는 분실신고 해제 후 그대로 쓴다. 재발급 신청을 하지 않아서 다행이다. 살만한 세상, 행복한 결말이다.

나는 급할수록 돌아가라는 말처럼 서두르지 않으려고 한다. 지갑을 비롯한 소지품 간수를 전보다 잘하게 되었다. 혹시라도 떨어져 있는 물건이 있다면 적극적으로 주인을 찾아주고 싶다.

진달래 강
  - 동예 선생을 기리며

  동예 박종철 선생의 첫 수필집 『아버지의 땅』은 1997년 봄에 상재되었다. 초회 추천으로 『수필문학』 사무실을 방문했을 때 선생은 책을 엮는 일로 그곳에 와 계셨다. 강석호 회장님 소개로 인사를 나누며 선생과 나는 단번에 동향이라는 걸 안다. 지방 사투리는 오래전에 고향을 떠났어도 동향인은 감지할 수 있다. 고향 까마귀만 봐도 반갑다는데 낯선 곳에서 오라버니 같은 동향을 만나니 든든했다.

  그 무렵 나는 문단에 오르는 기대로 약간은 들떠 있었다. 선생은 그런 내게 격려는커녕 어찌 이 험하고 고된 길을 가려느냐며 안쓰러운 표정을 지으셨다. 훗날 글이 풀리지 않아 끙끙거릴 때마다 지당한 말씀이었구나 하는 마음이 들었다.

  선생은 그 고된 문학의 길을 수행자처럼 묵묵히 걸으셨다. 퇴직하신 후에는 향리로 돌아가 후학을 지도하며 생애 마지막까지 문필을 놓지 않으신다. 그렇게 「아버지의 땅」을 반석으로 수필집 일곱 채를 지어 올린 후 어느 날 홀연히 「진달래 강」 너머 본향으로 돌아가셨다.

선생과 나의 인연은 여러 갈래로 얽혀있다. 선생의 아버지와 내 아버지의 고향이 삼척이다. '아버지의 땅' 또한 가까웠을 터다. 내 오빠와는 중학교 때 친구라고 한다. 더 놀라운 건 부서는 다르나 남편과 같은 회사에 근무한 적이 있다는 것이다. 내 친구와 부부의 연을 맺은 건 이런 연줄의 완성본이자 종결 편인 셈이다.

'아내가 투병할 때 나는 초조와 번민에 빠져있었고 아내와의 이별이 절망과 슬픔을 몰고 왔다. 나를 일으켜 세울 힘이 없어 처절하리만치 허물어졌다.'

그랬다. 첫 수필집을 낸 후 선생은 오래 글을 쓰지 못한다. 글 한 줄 쓸 수 없고, 써지지 않는다고 하셨다. 위로할 말이 떠오르지 않았다. 짝 잃은 외기러기 같은 선생의 풀죽은 모습은 뵙기 민망할 정도였는데 어느 날 '망각이라는 신의 처방이 서서히 고통을 잠재워 주었다.'라고 하셨다.

시간이 꽤 흐른 후 세미나가 끝나고 뒤풀이 지리에서였다. 선생은 술기운을 빌려 내게 따지듯 "오빠 친구를 이대로 내버려 둘 거냐. 독신 친구가 있다지 않았느냐."라며 다그치셨다.

그러고 보니 그런 말을 했던 생각이 났다. 나는 까맣게 잊고 있었는데 선생은 잊지 않으신 거였다. 어쩌면 이제나

저제나 기다리고 있었는지도 몰랐다.

　나는 말에 책임을 져야 했으므로 '잘하면 술 석 잔, 못하면 뺨이 석 대'라는 중매쟁이로 나선다. 밀밭만 봐도 취하는 체질이라 술은 바라지도 않으나 뺨은 맞으면 안 되었다. 초혼은 둘의 문제지만 재혼은 가정이 흔들리는 문제이기에 신중해야 한다.

　나는 양쪽의 내력을 서로에게 알려준 후 궁금한 건 만나서 알아보라고 말했다. 소개는 하지만 '책임 못 짐'을 강조한 것으로 신중하게 결정하라는 뜻이었다. 만나 본 후일담이 궁금했지만 섣부른 내 관심이 결정에 영향을 줄지 몰라 기다리기로 했다.

　잘 되어가는지 선생의 어둡던 얼굴은 볼 때마다 밝아졌다. 친구의 모습도 꽃이 핀 듯 환했다. 드디어 부인이 떠난 3년이 지나자 두 분은 결혼한다. 서로의 집에 숟가락이 몇 개인지 아는 초등 친구가 내 조력으로 늦시집을 가게 된 것이다. 예식을 올리는 날 오빠들도 못 해준 동생 중매를 해주었다며 친구 오라버니들에게 고맙다는 치하를 받았다.

　그로부터 두 분은 20년을 함께 한다. 그동안 나는 뺨을 맞기는커녕 다리를 놓아준 공로로 술 몇 말은 족히 얻어 마신다. 언젠가 경포 인근에 있는 댁을 방문해 융숭한 대접을 받는다.

　선생의 수석 수집 취향과 부인의 화초 가꾸기 취향이 어우러진 집 안 분위기는 수석처럼 묵직하고 꽃밭처럼 화사했다. 부인은 아날로그 세대의 전형인 남편을 디지털 감각으로 적극 내조하고 있었다. 원고지에 쓴 글을 컴퓨터에 입력하여 송고해 준다는 것이었다.

아직도 원고지에 펜으로 글을 쓰다니!

철기시대에 사는 글쟁이 남편을 위해 부인은 컴퓨터를 배우고 좌판을 익힌다고 했다. 쉬운 일이 아니다. 「진달래 강」은 기력이 쇠해 책상에 엎드려서 썼던 선생의 원고를 다듬고 정리해 부인이 엮어 준 마지막 수필집이었다.

높은 산맥과 깊은 바다 사이에 있는 영동지방 특유의 생태를 다룬 선생의 글은 내게 친숙하고 공감 가는 소재들이 많다. 진달래꽃이 산천을 붉게 물들이고, 갈매기가 오십천을 휘돌아 날고, 정라진에 명태가 파시를 이루던 시절을 기억한다. 시멘트 분진이 날고, 「열두 냥짜리 인생」들이 모여들어 물길을 바꿨던 대공사의 시절을 선생과 내가 알기 때문이다.

선생의 수필에 등장하는 동식물을 모두 들먹이려면 지방 말로 날 새워야 할 게다. 제비, 부엉이, 매미, 반딧불이 황새, 까마귀…. 개미와는 무슨 인연으로 1가, 2가 두 편이나 쓰셨을까. 선생의 더듬이가 늘 생태계에 닿아 있었음이다. 자연을 벗하며 자연 속에 사셨던 선생이 자연의 품에서 영생하시길 빈다.

부인과는 가끔 안부를 묻고 살아가는 이야기를 나눈다. 선생의 유품은 그대로 두고 있다고 한다. 글쟁이 남편에 대한 존경일 것이다. 나는 내조를 잘한 친구가 고마운데 친구는 가정을 이루게 해준 내가 고맙다고 얼마 전에도 말한다. 유효기간이 훌쩍 지난 '술 석 잔'을 아직도 얻어 마시는 나는 여전히 몽롱하다.

청개구리

깜짝이야!

세탁실 문을 열자 난데없는 생명체가 구석에서 튀어나왔다. 놀라서 허둥대는 사이 놈도 놀랐는지 점프와 포복 끝에 세탁기 밑으로 들어가 버렸다. 개구리다. 비가 오면 엄마 무덤이 떠내려간다고 목 놓아 운다는 그놈, 동쪽으로 가라면 서쪽으로 가고, 앉으라면 서는 불효 대명사, 청개구리다. 그런데 밉상은커녕 보호본능을 불러일으킨다.

니가 왜 거기서 나와! 여긴 초원의 색 망토를 걸친 네가 있을 곳이 아니다. 네 힘으로 들어오지 못했을 터, 나가지도 못할 거다. 보내주마. 나오너라. 나는 개구리가 내 집에 들어온 경위를 유추한다. 짚이는 데가 있다. 들어왔으니 내보내야 한다. 내보내려면 구석에서 나오게 해야 한다. 검색창을 열었다.

'폐 호흡 60%, 피부 호흡 40%인 양서류는 피부가 촉촉

해야 숨쉬기 편해 주로 물가에 서식한다.' 어쩌나. 개구리에 빙의된 듯 얼른 대야에 물을 담아 세탁기 옆에 놓아주었다.

　청개구리는 엄마 무덤이 떠내려갈까 우는 게 아니다. 비가 오거나 습도가 높은 밤에 숨쉬기 편하고 기분이 좋아져서 더 크게 운다. 울음소리도 밤에 더 멀리 퍼진다. 악기에 비유하면 두꺼비는 첼로, 청개구리는 바이올린이다. 개구리도 매미처럼 수컷이 구애 송을 부른다. 세레나데를 부른 것인데 울부짖는다고 해석했으니 어느 시대나 말 안 듣는 자식 때문에 속 터지는 부모가 있었다는 방증이다.

　해 질 무렵, 백로가 망토 같은 날개를 너울거리며 뒷산으로 날아가던 풍경이 떠오른다. 낮에 조용하던 개구리들이 그때부터 울기 시작한다. 상위 포식자들이 둥지로 돌아갈 때를 기다렸다가 활동하는 거였다. '우는 소리가 우렁찰수록 짝을 찾는 데 유리하다. 반면 적의 표적이 될 수 있다. 생존을 위한 눈치 보기가 개구리 사회에도 있어 우는 타이밍을 조절한다.'

　천적은 잠자러 가고 먹이들은 활동하러 나오는 밤, 토요일은 밤이 좋다고 노래하는 인간과 달리 개구리는 밤마다 밤이 좋다고 노래한다.

　개구리를 애완동물로 기르기도 한다. 예뻐서 인간의 포로가 되는 운명을 타고나는 족속이다. 우리집에 있는 저놈도 구석에서 나오지 않으면 식구로 받아들여야 하나? 그런 상황에 대비해 먹이와 습성 따위를 찾아보았다. 어쩌나! 안 되겠다. 식성이 나와 너무 다르다. 모기, 애벌레, 거미, 나방, 지렁이, 메뚜기!

어렸을 때 메뚜기는 먹어보았는데 다시 먹고 싶은 맛은 아니었다. 보기보다 까다로운 성향이어서 포로 상태에서 스트레스를 과하게 받는다. '평균수명은 자연 상태로 10년, 포로 상태에서 15년에서 30년까지 산다.' 자연 상태보다 포로 상태에서 오래 산다고? 설마 어깃장 놓는 천성 때문은 일부러 오래 사는 건 아니겠지. 그러거나 말거나 나는 저놈을 포로로 잡아둘 생각이 없다. 놈이 천수를 누린다면 내가 놈의 포로가 되어 여생을 벌레잡이로 살기 싫다. 그나저나 지금쯤 몹시 배가 고플 텐데 우리 집에는 놈이 먹을 곤충이 없다.

궁리 끝에 김포에서 가져온 배추 한 포기를 물그릇 옆에 놔주었다. 이틀 전 선대가 살던 농가를 오가며 농사를 짓는 K의 초대로 그림동아리 회원들이 김포로 야외스케치를 다녀왔다. 수령 300년이 넘은 느티나무 신목 두 그루를 그린 후 K가 기른 채소를 따서 바비큐로 호식한다. 돌아올 때 K가 싸준 상추에 달팽이 한 마리만 띠리온 줄 알았는데 배추에 청개구리까지 들어있을 줄이야!

놈도 생존을 위해 낮 동안 동색인 배추에 들어가 밤이 되기를 기다렸나 보다. 신문지에 싸준 배추를 세탁실에 놔둔 사실이 있으니 유입 경로는 확실하다. 배추로 유인해 밖으로 보내고 싶은 내 마음을 개구리가 알아주었으면 좋으련만.

올해는 유독 개구리 우는 소리를 많이 들었는데 실물까지 영접할 줄 몰랐다. 해마다 벚꽃 필 무렵이면 개구리들이 아파트 정원 연못으로 모여든다. 큰 새들이 물을 마시러 오는 낮에는 숨어있다가 해가 지면 구애 송을 시작한다. 스피커라도 설치한 듯 집에서도 우는 소리가 크게 들린다. 그 소리가 시끄럽다는 주민도 있다. 나는 자연의 소리라서 정겹기도 하거니와 짝을 찾는 일이 얼마나 절실하면 저리 울겠느냐고 개구리 편을 든다.

얼마 전 중요한 시즌을 보내고 있는 그들에게 난리가 났다. 분수 관리 업체 사람들이 고압 호스로 물을 뿜어 연못 대청소를 한 것이다. 개구리 소리가 뚝 끊겨버렸다. 개구리들이 도망간 연못은 생명을 잃은 듯 고요하고 허전하다.

그런 내 마음을 아는 것처럼 농촌 선배가 얼마 전 개구리 소리를 녹음해서 보내 주었다. 라이브로 들을 때보다 현장감은 떨어져도 날 선 도시 개구리의 울음보다는 부드럽게 느껴진다.

어렸을 때 개구리는 밤새도록 울었다. 이른 봄, 점이 깨알처럼 박혀있는 덩어리들이 논마다 둥둥 떠다녔다. 깨알 점들이 흐물거리는 그걸 먹으며 올챙이가 된다. 고물거리던 올챙이에서 뒷다리가 나오고, 앞다리가 나오면 개구리가 되어 뭍으로 올라온다. 올챙이와 개구리는 생김새가 전혀 달라 '개구리가 올챙이 적 생각 못 한다.'라는 속담이 있나 보다.

다음 날 내가 개구리라도 들어가고 싶지 않을 만큼 배추는 시들어있었다. 물에 다녀간 흔적도 없다. 배춧잎에 멸치와 고기를 깨알만큼씩 떼어 개구리 밥상을 차려주었다. 식성에 맞으시려나. 저녁때 보니 그대로다. 이틀이 또 지났다. 나흘 동안 놈은 아무것도 먹지 않았다. 이제 슬슬 놈의 안위에 신경이 쓰인다. 살아있나 청개구리?

세탁실을 기웃거리는 횟수가 늘어난다. 점점 더워지는데 놈을 살려서 보내야 한다는 강박이 들기 시작했다. 저 무거운 세탁기를 들어낼 수도 없다. 문득 섬광처럼 떠오른 생각이 연못 바닥에 물대포를 쏘던 장면이다. 이참에 놈도 끌어내고 바닥 청소도 하면 일거양득이겠다. 놈이 나오면 눈에 띄도록, 은폐할 곳이 없도록 말끔하게 치웠다. 이제 세탁기 외에 바다에는 바닥밖에 없다.

준비됐나? 실행! 수압이 약한가? 높여! 더 높여! 더! 더!! 드디어 나왔다, 청개구리!

기력이 없어 한 발짝도 뛰지 못하고 엉금엉금 기면서도 본능적으로 은폐물을 찾는다. 큰 봉지로 유인해 밖으로 나가자 뛰어내리는 폼이 딱 빠삐용이다. 칭게구리를 만진 손으로 눈을 비비지 말란다. 가시를 장착한 장미처럼 청개구리도 보드랍고 알록달록한 외피에 어울리지 않는 독을 생존의 도구로 삼은 것일까? 우리는 어떤 스킨십도 없이 헤어진다. 다시는 엮이지 말고 서로의 세계에서 살아가기로 한다. 도장 꾹!

나는 자연인이다
- 숲속에 사는 나이팅게일

  윤택이 낙엽 쌓인 산길을 걷다가 시야에 들어온 얼룩무늬 물체를 발견한다. 뭐지? 버섯인가? 갸웃거리며 다가가 놀란 척한다. 눈가리개를 쓴 누군가 무릎을 세운 채 낙엽 속에 누워있다. 누워있는 척했을 것이다. 볕 좋은 날 산림욕을 한다며 버섯 같은 사람이 낙엽을 털며 일어났다.「나는 자연인이다 - 숲속에 사는 나이팅게일」은 이렇게 시작했다.

  "호칭은 뭐가 좋을까요? 어머니로 할까요?" 자연인이 싫다고 하자 '남편은 어디 계시냐'고 묻는다. 결혼을 안 했다고 했다.

  "미혼인가요?" "비혼이죠. 좋다는 확신이 들면 내일이라도 할 거예요"라고 배시시 웃는다. 묵묵히 듣던 윤택이 그럼 누님으로 부르겠다고 하자 정색하며 "내 이름은 이인숙! 인숙 씨!라 부르세요" 하며 단호하게 말한다.

  누님 호칭은 징그럽다고 했다. 어머니라는 호칭도 애매하긴 하다. 할머니라 부르는 건 불편한 진실이다. 자연인은 관계가 아닌 독립적인 인간으로 불리고 싶어 한다. 이름을 부르는 게 불편했던지 윤택은 호칭 없이 진행했다.

서재를 보여주었다. 동네도서관 같은 방 안을 둘러보며 이 책을 다 읽었느냐고 묻는다. 자연인은 당연하다며 책 한 권을 꺼내 들고 창가에 앉더니 발목 펌프 운동을 하며 책을 읽는 시연을 했다. 나도 아는 그의 일상이다.

그랬다. 도시에서 자란 인숙은 책 읽으며 유유자적 살아도 될 경제력과 전문직을 가지고 있다. 뱀에 놀라거나 고구마밭을 파헤치는 멧돼지를 상대하기에는 여린 여성이다. 일상은 「월든」을 쓴 조지 소로의 자연주의와 비슷할 것이다. 이런 고집불통을 MBN이 어떻게 찾아 카메라 앞에 세웠는지 우리는 '그것이 알고 싶다'. 자연주의를 계몽하기 위해, 지구가 아프다는 걸 호소하기 위해, 생태농업의 현실을 하소연하기 위해 출연을 결심했다는데 자연인에만 초점이 맞춰져 실망이라고 했다.

잡초밭에서 인숙과 윤택이 밀을 파종하는 장면이다.

1. 고랑 방향을 정하기 위해 나침반을 남북으로 놓는다.
2. 밀 한 줌을 혀 밑에 넣고 9분간 물고 있는다.
3. 양손을 오므린 위에 물고 있던 씨앗을 뱉은 후 숨결을 후하고 불어넣는다.
4. 씨앗을 든 손을 심장보다 높이 들어 태양에너지를 받게 한다.

5. 신발을 벗은 후 맨발로 30초 동안 서서 땅의 에너지를 받게 한다.
6. 의식을 치른 밀 한 줌을 다른 씨앗들과 잘 섞는다.
7. 땅이 놀라지 않게 호미로 살살 흙을 걷어낸 후 씨앗을 넣고 흙으로 살살 덮는다.

 태양신을 숭배하던 잉카인이 했을 법한 파종 의식이다. 현대 의료 현장을 경험했던 나이팅게일의 후예가 행하는 듯 보잡 파종법에 '파종 좀 해본' 내가 놀란다.
 인숙은 이곳에 오기 전, 춘천 금병산 아래 살았었다. 넓은 농원 안에 독일식 집을 짓고 소꿉장난하듯 농사를 지었다. 독일에서 간호사로 일해 모은 돈으로 마련한 것이다. 별난 취향을 지닌 친구 덕분에 우리는 그곳에 자주 갔다. 벽난로에 불을 때며 이국적인 낭만도 맛본다. 접근성이 좋은 곳이어서 복사꽃 필 때, 복숭아가 익었을 때, 단풍이 아름다운 가을에도 갔다.
 그곳에서 안정적으로 살았는데 문제가 생긴다. 허가받아 집을 지었음에도 산밑에 있는 군부대가 작전에 방해되는 위치라며 이주 명령이 떨어진 것이다. 탄원서를 제출해도 소용없이 결국 쫓겨나 이 골짜기로 오게 되었다. 그때 받은 상처 때문인지 인숙은 행정에 대한 불신이 깊다.
 오랜 진통 끝에 이 흙집이 완성된 후 우리를 초대했다. 골짜기 입구에 하천이 있어 길가에 자동차를 세워두고 열

명이 신발을 벗고 물을 건넜다. 민가와 떨어진 외진 곳이었다. 대지는 느린 걸음으로 반나절은 걸어야 한 바퀴 돌아볼 만큼 넓었다. 방치할 수밖에 없는 밭에 온갖 풀씨가 날아와 맹렬하게 자랐다. 그 풀밭에 씨앗을 심어 맺힌 만큼 거두는 게 그가 추구하는 자연농법이다.

윤택이 사다리에 올라 지붕 밑에서 뭔가를 끌어 내리고 있다. 마른 나무토막? 토종 벌집? 5년 전에 매달아 놓았다는 돼지 뒷다리다. 하몽을 만들 시도였던 듯하다. 윤택이 혀끝에 댔다가 돌아서서 뱉는다. 인숙도 맛을 보더니 '호기심이 많아서 해본 거'라며 또 배시시 웃는다. 난처할 때 배시시 웃는 건 여전하다.

친구가 대단한 건 하고 싶은 걸 실행하는 용기다. 책에서 얻는 정보를 자연에서 끊임없이 실험하며 여기까지 왔다. 산나물, 들나물, 효소를 만들 산야초, 표고버섯, 닭도 풀어놓고 키웠다. 가을에는 풀숲에서 제멋대로 자란 호박이 곳곳에 드러난다. 그 자연산 호박을 사람도 먹고 닭에게도 먹였다.

카레를 만들며 호박을 색깔별로 넣는 이유를 윤택에게 늘어놓았다. 우리가 갔을 때도 그랬다. 맑은 음식을 믹고 맑아진 몸으로 돌아가길 바랐다. 그 마음을 알면서도 우리는 마당에서 가져간 고기를 구워 야생초에 싸서 먹었다. 친구가 우리에게 풀을 먹이고 싶듯이 우리는 맨날 풀만 먹는 그에게 동물성 단백을 먹게 하자고 냄새를 풍기며 꼬드겼다. 우린 살아가는 방식이 너무 다르다.

지난해 6월 우리는 꽤 오랜만에 그 골짜기에 간다. 처음 왔을 때 신발을 벗고 건넜던 개울에 다리가 놓여 자동차로 흙집 앞까지 왔다. 이곳에는 낭만 가득하던 풍경이 그리워질 변화가 이미 오래전부터 있어 왔다. 이웃이 생기며 고요를 방해하는 자동차 소리와 인적의 왕래를 친구는 짜증스러워했다. 반면 자연주의 철학에 공감하는 사람, 맑은 음식을 먹으려는 사람을 반겼다. 그런 이들이 많은지 흙집을 한 채 더 짓고 있었다. 친구가 건강을 유지하는 방법은 넓고 깊다. 동의보감, 효소, 참선, 백팔배, 요가, 산림욕, 발목 펌프 운동, 맨발 걷기, 구운 소금 먹기 등이다. 그래서인지 혈압이 꽤 높았다.

 핸드폰이 없는 자연인! 집 전화를 한 달째 받지 않는다. 밤에 전화를 받지 않은 적이 없다. 걱정이 되어 그의 언니에게 전화했다. 슬픈 소식은 늦게 알수록 좋다고, 빨리 알 필요가 없다고 생각한 분이다.

 인숙은 자신의 영토 속에 빗물처럼 스며들어 있었다. 우리는 써온 글을 낭독하고 편지를 무덤가 오동나무 밑에 묻었다. 「이별의 노래」로 이별 의식을 한 후 흙집으로 내려와 그의 땀과 열정이 담긴 집 안 곳곳을 둘러보았다. 이 집을 지을 때 바닥을 방망이로 두드려 다지던 생각, 뒷산에서 산나물 뜯고 엄나무 순을 따던 생각, 달밤에 마당에 앉아 놀던 생각들이 꼬리를 물고 일어난다. 먼저 가니 배웅을 받는 구나. 친구!

도랑에 발을 담그고 저마다 돌 방석에 앉아 그가 있을 때처럼 이야기꽃을 피운다. 우리는 이렇게 또 한 명의 친구를 떠나보낸다.

푸른 저녁

남월선

너는 자연인이었다
이제 흙으로 돌아간 너
풀씨 날아와 네 무덤 덮어주겠네
이불처럼 덮어주겠네
푸른 저녁
달빛 내려와
별빛 내려와
네 무덤 보듬으리라
편히 쉬려마

친구는 자연주의 이상을 실천하며 살던 외로운 농부였다. 생태농업에 뛰어든 건 인간의 자연 파괴에 대한 일종의 저항이었다. 산속에 흙집을 짓고 산 연유도 사람에게 이롭고 언젠가는 자연으로 되돌릴 수 있는 소재여야 한다는 고집이었다. 지구환경이 점점 나빠지고 있는 걸 탄식하며 이런 시대를 타고난 자신의 업장을 녹이기 위해 늘 사색하고 기도한다고 했다.

지구에 잘못한 것이 없는 친구는 문명을 거부한 대가를 치르듯 도움이 필요한 상황에서 끝내 세상과 연결되지 못한다. 마당에서 맨발 걷기를 하다가 넘어지며 고관절이 골절된 상태로 사후 발견된다. 세상의 때라고는 묻지 않은 자신의 청정한 영토 안에서 내 친구는 그렇게 세상을 떠났다.

에드워드 호퍼의 「푸른 저녁」을 보며 이상주의자였던 친구를 생각한다. 화폭 안에 있는 인물들은 모두 자기만의 생각에 잠겨있는 듯하다. 공유할 것이라곤 없어 보인다. 중앙에 앉아 있는 광대 분장을 한 인물은 더 고립되어 보인다. 복장이 특별한 것으로 보아 내 친구처럼 가치 있는 일을 주장하지 않았을까? 그럼에도 동조하거나 눈길을 주는 사람은 없다. 고독한 광대가 푸른 저녁 속에 있다.

Ann의 시간

 소시민으로 살아가던 내게 2015년은 선물 같은 해였다. 메르스로 뒤숭숭하던 6월, 이코노믹 인간이 처음으로 급이 다른 좌석을 이용해 친구들과 독일에 다녀오는 호기를 부린다.
 그곳에서 동문들에게 분에 넘치는 융숭한 대접을 받는다. 3주 동안 뤼베크, 브레멘, 하멜른 같은 아름다운 소도시의 골목골목을 여유롭게 돌아볼 수 있었다. 신세 진 분들에게 한국에 오면 세 배씩 갚겠다는 통 큰 약속을 남발하고 돌아온 그해 가을 한국에서 총동문회가 열렸다.
 봄에는 신세 지느라 바쁘고, 가을에는 신세 갚느라 바빴지만 돌아올 수 없는 행복한 순간들이었다. Ann과 라이너 씨도 한국 여행이 즐거웠는지 해마다 오겠다는 약속을 하고 돌아갔다.
 Ann은 학창 시절 나와 친하게 지낸 친구다. 일찍 결혼해 돌이 지난 아들을 두고 경제적인 어려움 때문에 독일로 떠났다. 고뇌에 찬 결행이었다. 한동안 나와 주거니 받거니 하던 서신도 차츰 뜸해지더니 언제부터인가 끊어졌고, 끝내 돌아오지 않았다.

시간이 흐른 후 나는 다른 동문을 통해 Ann의 소식을 듣는다. 독일인과 결혼했으며 오랜만에 독일동문회에 참석한 Ann이 말을 더듬거리더라고 했다. 모국어를 잊을 만큼 은둔자로 살았나 보았다. 내 전화번호를 전해달라는 부탁을 하고 그 일조차 잊어버릴 즈음, 친정에 다니러 왔다는 Ann과 수십 년 만에 통화가 이루어졌다. 출국수속을 끝낸 인천공항이라고 했다. 아쉬웠지만 나를 만날 준비가 안 되었나 보다 생각했다.

그로부터 몇 년이 지난 후 나는 독일에서 Ann을 만난다. 모범적인 가정을 이루고, 경제적으로 성공해 수영장이 있는 저택에서 살고 있었다. 남편도 모든 면에서 모범적인 가장이었다. 그의 집에 유숙하는 동안 라이너 씨의 배려에 편안하고 따뜻한 시간을 보냈다. 독일로 갈 결심을 하기까지 힘든 시간을 보낸 걸 아는 나로서는 비현실적이었다. 여기까지 온 Ann의 행보 속에 거스를 수 없는 운명의 이끌림이 있었을지도 모른다는 생각이 든 때문이다.

한국에 오겠다는 날을 며칠 앞둔 어느 날 Ann의 전화가 왔다. 괜찮은 선물을 하고 싶다며 이왕이면 필요한 것을 준비하겠다고 했다. 독일 가서 폐를 끼쳤는데 남편과 한국에 오는 것이 선물이라고 나는 극구 사양했다. Ann은 고사하는 나를 설득하려는지 옛이야기를 꺼냈다. 우리가 그런 사이였지. 그런데 내가 그걸 기억한다면 친구가 아니지. 나는 잊어버렸다고, 덮어두자고 말했다. 그도 물러서지 않았다.

"좋아!"

친구의 부담을 덜어주는 것도 우정이라는 생각이 들었다. 고심 끝에 얼마 전 폐기 처분한 탁상시계가 떠올랐다. 시계가 좋겠다고 하자 자기 집에 있는 시계와 같은 걸로 사겠다고 했다. 독일에서 생산되는 세계적인 명품 뻐꾸기 벽시계였다. 처음에는 솔깃했는데 곧 마음이 바뀌었다. 그걸 받을 만큼 한 것도 없거니와 잠귀가 얇아 시간마다 울어 댈 뻐꾹 소리를 감당할 자신도 없었다. 나는 침대 가까이 둘 것이므로 얼굴은 손바닥만 할 것, 어떤 소리도 나지 않는 조용하고 얌전한 놈으로 데려오라고 부탁했다.

'아침에 일어나면 늘 시간을 확인하지. 널 보듯이 들여다볼게. 하루에도 몇 번은 보게 될 거야. 시간을 보며 나이 들어가겠지. 그렇게 같이 늙어가자.'

한국에 온 Ann은 숙제를 끝낸 아이처럼 밝았다. 부탁했던 대로 소리가 나지 않는 조용한 놈이있다. 손바닥만 한 바탕에 월, 일. 요일, 시, 분, 초, 온도까지 들어있어 실용적인 면에서도 맘에 들었다. 시계는 나의 부탁으로 라이너 씨가 포장을 풀어 세팅을 해주었다. 독일어 설명서를 들여다보며 직접 할 자신이 없어서였다.

라이너 씨의 손에서 피돌기를 시작한 시계는 7년째 내

머리맡을 지키며 돌아가고 있다. 태양에너지를 받으며 끝없이 날아가는 우주선처럼 시간의 세계를 유영하는 것이다. 한 번도 멈추거나 틀린 적이 없으니 무슨 동력으로 움직일까. 궁금하지만 탈이라도 날까 봐 열어보지도 못한다. 시계는 시계의 본분을, 나는 내 삶의 본분을 이어가고 있지만, Ann은 같이 늙어가자던 나와의 약속, 해마다 한국에 오겠다는 약속을 지키지 않았다.

친구가 참석한 마지막 총동문회였다. 무대에 올라 「샬롬」을 열창하고, 흥겹게 춤까지 추었다. 처음으로 기부금을 냈고, 친구들에게도 밥을 샀다. 운명을 예감한 것이었을까.

다음 해 5월 한국행 티켓을 예약했다며 들떠 하던 Ann이었다. 얼마 후 나는 친구가 병원에 있다는 소식을 듣는다. 현대의학이 할 수 있는 모든 방법을 동원해 암 치료를 끝낸 3년 만이었다. 의학박사 가족(남편, 아들, 며느리)도 손쓸 도리 없이 위독해졌다.

병원에 있을 의미가 없자 라이너는 아내를 집으로 데리고 와 마지막 시간을 보낸다. 손을 잡고 만났던 때를 회상하며 헌신해 온 아내에게 고맙다고, Ann은 남편에게 재혼을 권유했다고 한다. 침상을 지키며 자신을 돌보는 남편에게 폐를 끼치는 시간이 길어질지 모른다는 걱정으로 자발적인 금식을 택해 물도 마시지 않으려 했다는 나의 친구 Ann!

마지막 시간까지 원앙처럼 살다가 친구는 이국 하늘 아

래 잠든다. 장례식 때 라이너 씨가 너무 울어서 지인들이 걱정했다고 한다. 마지막을 지켜본 동료들은 Ann이 여한 없이 떠났을 거라고 전했다. 나는 친구의 핸드폰에 오래 널 기억하겠다고, 이렇게 떠나는 네가 참 모질다는 둥 20대 때 하던 방식으로 수다를 늘어놓았다.

그렇게 하면 허무와 슬픔이 조금 달래졌다. 그런데 이상한 건 글을 보낼 때마다 답은 없어도 누군가 편지함을 열어보는 것이었다. 나는 Ann이 모국어를 또 잊어버렸을까? 한국어가 통하지 않는 곳에 있어 답글을 쓰지 못하는 거라는 가당찮은 상상을 하다가, 어느 날 네가 있는 곳은 어디며 어떤 곳인지, 지낼 만한지, 우리 모두 널 그리워한다는 글을 영어로 올려보았다.

금방 라이너 씨의 눈물 젖은 답신이 왔다. '아내가 떠난지 한 달째 되는 날이다. 오늘도 무덤에 다녀왔다. 울면서 보내는 나날이다. 너무도 아내가 그립다, 이 전화기 약정은 오늘로 끝난다.'라고. 그토록 힘들어하던 라이너 씨는 3년 후 재혼했다.

1970년대 초반, 나는 Ann의 첫 결혼 때 8인코 그릇 세트를 선물한 적이 있다. 당시 시집가는 여성들의 주요 혼수품 목록이었다. 집들이와 아들 돌잔치 할 때 요긴하게 썼다며 고마워했는데 오랜 시간이 지났음에도 잊지 않고 있었던 모양이다.

가끔 롤러코스터 같은 지상에서 보낸 Ann의 시간을 생각한다. 꿈인 듯싶다가도 시계를 보면 스쳐 떠오르는 얼굴, 얼굴들이 있다. 끝나도 끝나지 않은 인연의 실타래가 시간의 강물 속에 여전히 흐르고 있는 까닭이다.

추억의 소환
- 즉흥 환상곡

  라디오에서 이 음악이 흘러나오면 나는 기대하지 않은 손님이 내 집에 찾아온 듯 반갑다. 쇼팽 별에서 떨어져 나온 운석이 전화선을 타고 누추한 나의 안거에 날아들었던 때의 분화 흔적 때문이다. 음악이라면 국적 불문, 장르 불문 좋아하는 편이지만 즉흥 환상곡의 전주가 흘러나올 때의 왠지 모를 그 설렘이 좋다.
  지금도 「엘리제를 위하여」가 흐르던 전파사에서 생애 첫 음반을 고를 때의 떨림을 잊지 못한다. 베토벤의 엘리제를 향한 핑크빛 에너지가 음악으로 내게 전해졌다면 니의 감성은 삼월의 햇살이거나 사월의 햇잎이다.
  바자회에 출품한 뜨게 소품을 담임선생님이 사주셨을 때 나는 거금의 용처를 고민하다가 트로이메라이, 로망스 등이 담긴 소녀 취향의 LP 한 장을 산다. 사과 궤짝에 종이를 발라 책상으로 쓰던 내 형편으로 놔둘 데도 마땅찮은 음반을 사는 건 대단한 사치와 호기였다. 일찍이 내 취향의 일면을 드러낸 셈이었다.

직장을 다니며 경제적 여유를 갖게 되자 음반 가게를 드나들기 시작한다. 선택의 폭이 넓어져 영화음악이나 비틀즈의 음반을 고르기도 했지만, 클래식에 마음이 더 끌렸다.

말 사면 종 부리고 싶다고 음반을 듣기 위해 큰맘 먹고 외제 전축을 마련한다. 훗날 종로 르네상스음악실에서 음악을 들을 때에서야 음향기기의 성능 차이를 실감하지만, 그땐 여지없는 선택이었다. 직장과 숙소를 오가는 사회 초년생의 단순한 나날에 그마저 없었다면 무슨 재미로 살았을까. 즉흥 환상곡이 제 발로 찾아온 것도 그즈음이었다.

따르릉 울리던 전화 소리와 첼로처럼 묵직한 남자의 목소리가 더빙되어 변주곡처럼 들리는 피아노 소리였다.

"이 음악을 아세요?"

라디오를 듣다가 혼자 듣기 아까운 음악이어서 들려준다며 친절하게 해석까지 덧붙였다. 형식에 구애받지 않고 표현하는 피아노 음악의 한 장르, 쇼팽 환상곡 4번이라고 했다. 모르는 음악이기도 했고, 전화로 듣는 바람에 제목처럼 그다지 환상적이지도 않았다. 전파사에서 음반을 고르는 나를 보았기에 좋아하는 음악이 나오자 들려주고 싶었다는 그분의 정체는 다음 날 바로 알게 되었다. 나보다 연배가 높은 클래식 마니아였다. 그때 내가 근무하던 곳이 그렇게 빤한 동네였다. 한 음악이 내게 오는 것이 이처럼 우연이었다.

그렇게 나는 떠밀린 듯 쇼팽의 음악 호수에 풍덩 빠져버린다. 어쩌면 호숫가를 서성이며 피아노의 시인이 도래하기를, 피아노의 신(神)이 강림하기를 기다리고 있었는지도 모른다.

이후 발라드, 협주곡, 녹턴, 전주곡, 왈츠, 폴로네이즈 등 주옥같은 거장의 음파 속을 나는 오랜 시간 유영한다. 작업할 때 들으면 노동요가 되고, 외로울 땐 친구가 되어주던 음악, 잠 못 들 땐 자장자장 토닥여 주기도 하더니 드디어 수필의 주제로 부상한다. 경춘가도를 달리는 자동차에서 즉흥 환상곡과 다시 만난 것이다. 운전하던 S 선생이 이제껏 들어보지 못한 버전으로 칸타빌레 부분을 휘파람으로 휘휘 부는 것이었다.

"어머나, 이 음악을 아세요?"

나는 오십여 년 전 내가 받았던 질문을 선생께 하며 회심의 미소를 지었다. 즉흥 환상곡에 또 한 남자가 입장하는군. 창조자 쇼팽을 필두로 쇼팽의 음악을 전해준 메신저와 메신저와의 추억을 소환해 준 선생이다. 나는 이제야 묻어 두었던 추억을 꺼낼 때가 온 것에 흥분을 감출 수 없었다. 바람 소리만 삭막하게 들리던 그 겨울에 운명처럼 찾아와 반려 음악이 된 소회를 풀어놓기에 더할 나위 없는 분위기였다.

그날 상산 고개를 넘으며 선생은 휘파람으로, 나는 허밍으로 즉흥 환상곡을 협연한다. 어쩌면 세계 최초의 휘파람과 허밍 듀오 버전일지도 모를 시연이 즉흥적으로 펼쳐진 것이다. 허밍 파트가 부실해 청중은 괴로웠을지 모르나 그 날 이후 문학 동지였던 선생과 나는 음악 동지로도 교류하게 된다.

휘파라미스트!

나는 클래식 음악에 조예가 깊은 선생에게 휘파람새라는 별명을 지어드린다. 선생의 수필집 제호인 『휘파람새의 전설』과도 통하는 의미 있는 별명이다.

쇼팽의 즉흥 환상곡은 일반인은 물론 음악도가 가장 좋아하는 피아노곡이라고 한다. 잔잔한 강물인가 하면 천길 아래로 쏟아져 내리는 폭포 같고, 산들바람인가 하면 폭풍우 몰아치는 벌판에 서 있는 느낌이니 삶의 희로애락을 표현한 음악의 대서사시 한 편이지 싶다.

뒤돌아보니 음악에 진 빚이 많다. 남은 생애에도 신세 질 일만 남았다. 기댈 수 있는 버팀목이자 나를 지탱하는 영양소이기도 하다. 이 세상 끝난 후에도 내 영혼의 귀가 음악과 닿아 있기를 소망한다. 쇼팽의 추종자로 살아온 날에 감사한다.

그리운 발자국

 선생과 나는 『수필문학』 동인으로 12년 차 띠동갑이다. 문학기행이나 워크숍, 세미나에서 늘 붙어 다니곤 했다. 습작기부터 발표하는 글을 애정으로 읽어주는 서로의 독자이기도 하다. 그런 선생이 어느 때부터인가 바깥출입이 뜸하더니 연락이 되지 않았다. 온오프라인에서 사라진 선생과 나의 거리는 멀어지다가 단절되기에 이른다.

 얼마 전, 선생의 부군께서 소천하셨다는 신문 기사를 접한다. 사회적 존망이 높았고 내 딸이 결혼할 때 주례를 서주신 분이다. 장로 직분으로 일생을 봉헌하셨다. 하느님 나라에서 대접받으시며 영생하시길 기원하며 연락처를 수소문한 끝에 선생과 연결되었다. 찾아뵙겠다고 하자 '전화했으니 되지 않았느냐.' 말씀하시면서 오지 말라고 하셨다.

 그동안 선생께 받은 사랑이 크다. 자택에서 요리도 해주셨고, 두 분의 고향인 이천 농원으로 초대해 '시가 있는 뜨락'을 거닐기도 했다.

 오랜만에 댁으로 찾아간다. 가까운 곳에 전철 역이 생겼고, 집 뒤엔 빌딩이 솟아 있다. 선정릉과 붙어있는 앞집은 다세대주택이 되어 있었다. 오래 적조했어도 선생은 예전과 다름없이 다정하게 맞아주셨다. 보행이 불편할 뿐 특유의 맑고 경쾌한 목소리는 여전하시다.

 장례 때 부의금을 받지 않았다. 먹는 것도 절대 사 오지 말라고 미리 당부하셨다. 뜻을 헤아려 호접란과 호박죽을 준비했다. 호접란은 화무십일홍이라는 말이 무색하게 두세 달은 피는 꽃이다. 예전에는 초상이 나면 이웃에서 죽을 끓여가는 풍습이 있었다. '식은 죽 먹기'라는 말처럼 먹기 쉽고 소화 잘되는 상주를 위로하는 음식이다. 어떤 위로의 말씀을 해드려야 하나 걱정하며 왔다.

 "고통을 모르고 가서 다행이야. 이별 준비를 할 시간을 준 것도 고맙고."

 밤중에 화장실 다녀오다 쓰러지며 의식을 잃은 3주 후 망백(91세) 연세로 타계하셨다 한다. 열흘 전에 배우자를 보낸 분이라는 생각이 들지 않을 만큼 담담하게 말씀하신다. 고인은 대법관을 역임하셨고 변호사인 두 아드님과 법무법인을 운영하셨다. 3대에 걸쳐 5명이 변호사인 법조인 가족, 신앙심이 두터운 신앙 가족, 2009년에 「상천장학회」를 설립해 노블레스 오블리주를 실천하는 가족이다. 「상천」은 부부의 이름에서 한자씩 집자한 것으로 기독교 정신이 투철한 인재, 이웃에게 희생과 봉사하는 인재, 창조적인 정신으로 도전하는 인재에게 후원하고 있다. 두 분도 이런 정신으로 살아오셨을 터, 가족들의 인생관이기도 할 것이다.

나는 선생의 이야기를 듣는다. 고인을 추억하며 두 분이 함께했던 이야기를 하셨다. 처음 듣는 이야기도 있고, 들었던 이야기도 있고, 수필에서 읽은 이야기도 있다. 재혼한 엄마를 따라가 이천에서 살던 이야기, 그곳에서 남편이 될 학동과 시골 초등학교에 다녔던 이야기, 어른들 주선으로 대학교 교정으로 찾아온 청년과 만났던 이야기, 2년 후 결혼해 칠 남매인 시가 가족과 네 자녀를 기르며 살았던 이야기, 이 집을 설계하고 지은 이야기, 문학 이야기 등이다. 선생의 첫 수필집에 수록된 글 중 한 부분을 여기에 옮긴다.

여자는 약하지만 어머니는 강하다는 말이 있다. 나약한 여성들도 엄마가 되면서 넓고 깊은 인간으로 성장하기 때문일 것이다. (중략) 나는 두 살 터울로 2남 2녀를 낳아 닭장 안 어미 닭같이 열심히 살았다. 막내딸을 안고 젖을 먹일 때 아기는 한 손으로 꼼질꼼질 나의 가슴을 주무르기도 하고 낡은 런닝을 손가락으로 쥐어뜯어 구멍을 크게 뚫어 놓기도 했다. 이것을 본 다섯 살 아들이 "엄마 내가 커서 엄마 런닝 사줄게" 하여 어린것이 어미를 생각하는 마음이 갸륵해 웃으며 감격한 적이 있다. (중략)

젖을 먹으며 딴짓하는 아기의 고물거리는 손가락, 법관 아내의 구멍 뚫린 런닝, 커서 엄마 런닝 사주겠다는 어린 아들의 의젓함이 진솔하게 그려져 오래전에 읽었음에도 잊히지 않는 부분이다. 떡잎부터 달랐던 그 아드님, 어머니께 런닝 사드렸나요? 두어 시간 차 담을 나눈 후 돌아오려는데 선물을 또 챙겨주신다.
　여러 식구 살던 큰 집에 거동도 불편한 선생 홀로 지내시기 적적하실 것 같다. 정원을 둘러보자 첫 수필집 표제작 「이끼 낀 여인상」으로 눈길이 갔다. 집을 지은 후 경제적인 어려움으로 커튼도 달지 못하고 살 때 부군이 데려왔다는 비너스 석상이다. 허전한 정원을 꾸미려고 사 온 여인의 나체가 민망해 시앗보듯 했다 한다. 어쩌다 말다툼이라도 하면 '당신 애인 마당에 있잖아요' 하며 샐쭉했다는 표현에 웃음이 나왔다. 세월이 흐르며 나무가 자라 석상의 존재감도 줄어들었다. 백옥 같던 화강석 표면에 검버섯 같은 얼룩과 이끼도 끼었다. 옷을 걸친 살아있는 여인처럼 친근감이 느껴진다. 사색을 나누는 벗이 되었다는 내용의 글이다.
　2층에 큰아들 부부가 와서 살기로 했다니 마음이 놓인다. 집으로 돌아오는 마음이 무겁지 않았다. 가르침을 받고 가는 듯하다. 충만하게 살아왔기에 죽음을 받아들이는 마음이 평온해 보였기 때문이다. '소리에 놀라지 않는 사자처럼, 바람에 걸리지 않는 바람처럼, 진흙에 물들지 않은 연꽃처럼 품위'가 느껴졌다.

다녀온 며칠 동안 창가에 앉아 선생이 주신 『시(詩)가 있는 뜨락』을 읽었다. 그중에서 젊은 날을 회상하며 쓴 시 「그리운 발자국」을 낭송 녹음해 보내 드렸다. 감동이라며 답을 주셨다.

먼 옛날 추억이 그리움으로 다가오는 아름다운 순간을 느꼈어. 내 시로 내가 위로받았네. 지난번 우리집 방문, 좋은 추억으로 오래도록 기억하겠어. 항상 기쁘고 행복하길.

선생은 부족한 나를 늘 챙겨주시며 꾸준한 시작(詩作)으로 문학인의 전범을, 지혜로운 삶의 전형을 그날도 내게 보여주셨다. 오래도록 건강하시길 기원한다.

시옷별

 지구에서 50광년쯤 떨어진 센타우루스 자리에 '루시'라는 다이아몬드별이 있다는 사실을 천문학자들이 알려주었다. 별을 구성하던 수소가 식어가던 중 중심부에 있던 헬륨이 재융합하며 탄소가 되었다는 것이다. 무시무시한 압력 때문에 다가갈 수 없는 꿈의 보석별이다.
 심학산 아래 있는 시옷별에는 상큼한 산소에 미량의 수소가 있을 뿐이지만 수필이라는 다이아몬드가 생성된다. 나는 이런 별이 있다는 걸 천문학자처럼 세상에 알리고 싶다. 마음만 먹으면 다가가 글 보석을 캐낼 수 있기 때문이다.
 '내가 책을 만드는 세상'을 뜻하는 「내책만세」 동아리 회원들이 지난해 책을 냈다. 매일 글을 써서 단체방에 올리며 글 근육을 키운 덕분이다. 혼자서는 하기 어려운 일을 함께 하며 결과물을 얻어낸 것이다. 주제를 정해 글을 쓰고, 글에 맞는 사진과 재주껏 그린 그림을 넣어 편집까지 직접

하는 독립출판물이다. 나는 금혼 문집을 냈다. 50년 역사를 6개월 만에 완성하다니 기적이다. 기적이라는 말을 믿지도, 좋아하지도 않지만 꿈을 품도록 둥지를 내어준 시옷별 덕분에 이루어낸다.

풀벌레의 울음소리를 진동으로 표현한 독특한 책, 노견(老犬)에 대한 사랑을 담은 책, 임진강 트레킹으로 자연과 역사를 담은 책, 정성껏 기른 다육식물을 예쁘게 그린 그림책도 있다. 40대가 쓴 『이혼하지 않고 살기』라는 책은 10권을 출간해 완판된다. 책방에 오는 연령대가 70대보다 40대가 많기는 하다. 어쩌면 관심을 끌 제목 덕을 보았는지도 모르겠다. 사랑의 유효기간은 18개월에서 30개월이라니 남의 이야기가 아닌, 공통 관심사일 수도 있다. 통제라! 도파민, 페닐에틸아민, 옥시토신, 엔도르핀은 오래전에 할 일을 끝냈다는 듯 시들해진 지 오래다. 호르몬의 배신을 극복하고 결혼 50년사를 쓴 내 책은 한 권도 안 팔렸다. 이혼하지 않고 살아야 금혼도 맞을 텐데 결과보다 과정이 중요하긴 하다.

문학에 대한 소명과 사랑을 지닌 시옷별의 좌장이 아니었다면 「내책만세」는 다가갈 수 없는 50광년 너머에 있다는 보석별이었을지도 모른다. 좌장님은 여러 방면의 전문가를 초빙해 강의를 듣게 해주었다. 그래서 주제에 맞는 사진과 삽화를 그려 넣으며 편집까지 스스로 할 수 있었다.

북토크도 몇 번 열렸다. 책에 실린 그림의 원화 전시가 열리면 시옷별은 더욱 빛을 발하는 행성이 된다. 계단을 따라 그림을 감상하며 2층으로 올라가면 아래층과 뻥 뚫려있는 공간이 소 우주적인 환상을 불러일으킨다. 그 둥지가 얼마나 아름답고 아늑한지 또다시 글을 품고 싶은 욕구가 발동한다. 올해는 「내책만세」 식구가 더 늘었다. 소문을 듣고 찾아온 분들이다. 뜻이 있는 곳에 길이 있는 법이다. 시옷은 시, 소설, 수필, 사랑, 산소, 수소, 삶, 소리. 심학산, 서패동(책방이 있는 동네), 사람, 숨, 술… 소동출판사. 시옷책방의 초성이다. 읽던 책을 엎어 놓은 모습이기도 하다.

'우리 동네 학습 공간'을 표방하는 시옷별의 구성요소는 바다처럼 깊고 넓다. 읽던 책을 잠시 덮어놓고 사색하기에도 좋은 카페이자 살롱이다. 이미 사계절출판사의 「세상에서 가장 아름다운 곳, 동네책방」에 「시옷책방」이 들어있다. '걱정이 팔자' 수준인 나는 세상이 알아봐 준 아름다운 책방을 동네 사람들이 모르거나 알고도 그냥 지나치지 않을까 걱정이다. 널리 알려져서 이용하는 사람들이 많아야 내 책만세 둥지도 따뜻할 것이기 때문이다.

시옷책방은 식물, 생태, 생명, 예술 분야의 단행본, 삶의 이야기를 담은 책, 그림책, 독립출판물을 다룬다. 삶의 기본에 관한 책들이다. 시옷별이 다양한 주제로 글쓰기를 소망하는 모든 이들이 꿈을 이룰 수 있는 곳, 독립출판물의 성지가 되기를 소망한다.

3

인연(연작)

인연

 의무실 작은 창을 통해 우리는 서로를 처음 보았다. 동료가 큰 소리로 "고향 까마귀 오네" 하는 바람에 내다본 복도에 한 남자가 기침하며 들어오고 있었다. 바지 주머니에 손을 넣은 채 안쪽을 주시하던 그와 잠시 눈이 마주쳤다. 운명이 팡파르를 울리며 나타나도 알지 말지 한데 감기에 걸려 나타나면 우둔한 내가 알아볼 재간이 없다. 버선발로 뛰어나가 맞아야 할 운명의 남자를 나는 멀뚱히 바라보기만 했었다.
 원장은 그날 기계과에 근무하는 그에게 간호사 숙소에 쓸 곤로를 만들어 달라고 부탁했다. 현장에 내려와 근무하는 그룹 공채 출신들에게 원장이 호의와 관심을 표하는 방식 중 하나였다. 근무 중 짬을 내어 찾아오는 바쁜 사람을 붙잡고 실없는 농담을 하거나 그리 필요하지도 않은 물건을 만들어 달라는 식이었다. 나는 그 곤로가 그때까지 전혀 필요하지 않았다. 그런 게 있는 줄도 몰랐다.

얼마 후 있어도 그만, 없어도 그만인 문제의 곤로가 배달되었다. 철판을 잘라서 용접한 틀 위에 니크롬선을 깐 조잡하기 이를 데 없는 전열기였다. 시 운전으로 라면을 끓여보았다. 성질 급하거나 바쁜 사람은 쓰지도 못하게 시간이 꽤 걸렸다. 성능이 그리 나쁜 것만도 아니었다. 연탄불이 꺼져 몹시 추웠을 때 방에 켜놓았다가 다다미에 불을 낼 뻔하기도 했다. 지금 생각하니 연탄불이 꺼졌을 때 필요하긴 했네.

잊을 때쯤 전화가 왔다.

"남 양! 받았으면 받았다는 인사가 있어야 않소?"

난처했다. 내가 부탁한 게 아니다. 나만 쓰는 물건도 아니다. 자기가 만든 것도 아니다. 회사 철판으로 용접공의 손을 빌리고, 실험실과 전기과의 도움도 받아 만든 것으로 알고 있다. 그런데 남자가 생색을 내고 있다. 마침 동료들과 수박을 먹던 중이어서 오라고 하자 넉살 좋아 보이는 그가 냉큼 달려왔다. 훗날 보니 넉살은커녕 수줍음이 많은 사람이었나. 사적인 첫 대면이 그리 서먹하지는 않았다.

얼마 후 다시 전화가 왔다. 수박으로는 안 되겠다는 것이다. K시를 구경시켜 달라고 했다. 기차로 두어 시간 걸리는 우리 집에서 가까운 도시였다. 그럴까? 말까? 망설이다가 나는 그러기로 마음먹는다. 주말, 집에 간 다음 날 모처로 오라고 하자 시간에 맞춰 나타났다. 나는 K시의 곳곳을 성실하게 안내해 주었다. 해변을 같이 걸어주었고, 경포대에 올라 호수를 내려다보아 주었다.

"이만하면 되었나요?"

"어림도 없소!"

그날 이래 나의 미션은 반세기가 지나도록 이어지고 있다. 내 본적이 내가 가 본 적도 없는 그의 본적으로 옮겨진다. 그의 자식을 낳았고, 그의 부모를 봉양한다. 그가 아기 적에 '내 제사상에 큰 고기 올려줄 놈!' 하며 귀애하셨다는 그의 증조모 유언까지 받들며 살았다. 어느새 나는 백발이 되었다. 미션은 여전히 진행형이다. 나는 그때 곤로를 냉큼 돌려주었어야 했다. 곤로 때문에 내 인생 골로 갔다. 후세에 고한다. '남의 신세 함부로 지지 말라, 절대로 지지 말라.'

화양연화 -꽃의 시절

그가 곤로를 이용해 내게 작업을 걸었다? 그렇다고 했다. 그의 미끼를 덥석 물 만큼 나는 순진했을까? 그랬다. K시 나들이 이후 우리는 한동안 밀고 당기다 서로에게 갇혀버린다. 누가 봐도 현명하지 않은 선택이었다. 그는 결혼 적령기였고 나는 하고 싶은 게 많은 사회 초년생이었다. 일찍 결혼할 마음도 없었기에 눈에서 멀어지면 마음에서 멀어지리라. 나는 서울로 직장을 옮긴다. 그러고도 우리는 끝내

헤어지지 못한다. 나는 곤로의 노예에서 탈출할 절호의 기회를 살리지 못했고, 그는 세상에 여자는 오직 한 사람, 너를 통해 세상 여자를 다 아는 걸로 살겠다며 사랑의 노예로 자처했다. 순정해서인지 소심해서인지 그 약속을 그는 평생 지키며 살았다.

결혼할 때 그에게 받은 편지를 가지고 갔다. 그도 내가 보낸 편지를 보관하고 있었다. 우리 사랑의 증표는 우표수집에 열을 올리던 초등학생 딸이 엄마 아빠 연애편지 보따리를 풀어놓고 우표를 오려낼 때까지였다. 딸이 흩어놓은 편지를 정리하다가 나도 모르게 헛웃음이 나왔다. 닭살이 돋을 것 같은 오글거리는 고백들이 언어의 유희에 불과한 것에 실소한 것이다. 이런 유치한 사랑놀이에 빠졌었다니!

편지는 1969년에서 1973년 초까지 그와 나의 청춘 실록이다. 열두 시간이 걸리는 기차를 타야 만날 수 있는 거리를 편지와 그리움이 오갔다. 그 시간이 봄날처럼 화사하지만은 않았다. 결별을 통고했을 때는 사랑을 구걸하지 않겠다고, 독일에 가겠다고 했을 때도 몹시 힘들어하며 독신으로 살 거라고 의연하게 말했다. 맹한 나는 그가 가슴 아파하는 걸 견뎌낼 만큼 독하지 못했고 순정한 그를 잊을 자신도 없었다. 신혼여행 첫날 결혼한 게 꿈같다고 하던 그에게 잘살아야겠다고 다짐했다.

얼마 전 서울역 고가도로가 공원이 되었을 때 나들이 간 적이 있었다. 주변을 조망하며 걷다 보니 세상이 변하고 우리도 변했는데 서울역 구역사(驛舍)는 옛 모습 그대로였다. 문득 이 길이 만들어지던 70년대 단상이 떠올랐다. 그를 배웅하며 저 역사에서 손끝이 저릴 만큼 꼭 잡은 손을 놓지 못하던 모습이다.

"그때 주머니에 넣어가고 싶다고 했던 아가씨와 잘살고 있나요?"

오십여 년을 살아오는 동안 우리는 과연 몇 번이나 손을 잡았을까. 그날 남산 자락을 걸어 한옥마을로 내려오는 동안 경사로에서 넘어질까 잠깐잠깐 손을 잡긴 했다. 가위바위보로 아카시아 잎을 따내며 청라언덕 계단을 오르던 청춘 남녀의 행방은 끝내 묘연했다. 잡은 물고기에 밥을 주지 않는다는 말은 남편의 썰렁한 개그 코드 1번이다. 이젠 그 밥, 내가 챙겨 먹는다.

충무로 3번 출구 앞 한옥마을 입구, 11층 건물 벽면에 ○○병원이라는 글자가 희미하게 남아있다. 뒤편에 간호사 숙소가 있었다. 내가 그에게 '잡히기' 전까지 자유롭게 유영하던 공간이다. 밤 근무할 때 야간통행 금지로 일시에 잠잠해지던 세상을 내려다보았고, 가까운 대연각호텔에서 불이 났었다. 종로 지하에 대공사가 태동하던 시기였다. 가진 거라곤 젊음밖에 없던 우리가 손잡고 사랑의 찬가를 부르던 화양연화의 시절이었다.

-지나간 시절은 먼지 쌓인 유리창처럼 볼 수는 있지만, 만질 수 없기에 우리는 그때를 그리워한다. -

엄마와 딸

 결혼을 앞두고 엄마와 서울역에서 진주행 기차를 탔다. 가는 동안 차창을 내다보며 모녀는 동상이몽에 빠져있었다. 나는 신세계를 향한 꿈에 부풀었고 엄마는 수심에 차 있었다.
 경상도는 신랑 집에서 이불감과 솜을 보내면 신부 쪽에서 이불을 꾸며 오고, 장롱도 신랑이 마련한다고 했다. 강릉지방에 비하면 신부 측 부담이 덜한 풍습이었다. 시댁에서는 감사하게도 원거리 혼사이고 우리 가정에서 반년 사이에 일어난 불운을 배려해 이불은 꾸며놓겠으니 편하게 오라고 했다. 그렇더라도 엄마는 기본 혼수품인 이불과 장롱도 없이 딸을 시집보내러 가는 마음이 편치 않다고 거듭 말씀하셨다.
 아버지는 삼 개월 전에 돌아가셨다. 결혼 날짜가 정해져 인사를 드리러 진주에 다녀오니 아버지가 서울에 와계셨다. 큰 병원으로 가라는 의사 말을 듣고 바로 상경했다고 하셨다. 내가 근무하는 병원에 입원해 계시는 한 달 동안 병환은 나날이 중해지는데도 곧 털고 일어날 것처럼 얼굴은 밝으셨다. 흰옷과 모자를 쓴 간호사를 백의의 천사라거나 나이팅게일의 후예라 하던 시절이었다. 그런 딸을 보는 것만으로도 위안을 얻으시는 것 같았지만 아버지 예후는 절망적이었다. 어느 한 해 힘들지 않은 적이 있으랴만 저 몸으로 농사 마무리를 하고 얼마나 아팠으면 병원에 찾아가셨을까.

워낙 위중한 병이기도 했다.

　나는 근무 중에는 아버지의 간호사로, 근무가 끝나면 보호자가 되어 의연하게 병상을 지켰다. 가을이 깊어 가고, 아버지의 어깨도 겨울을 준비하는 나무처럼 앙상해져 갔다. 털실로 아버지 옷을 짜며 이별을 준비했다. 어서 입혀 드리려고 부지런히 짜다가도 흙냄새 배인 농부의 손, 아버지의 이름으로 희생한 성스러운 손을 어루만지며 노동의 흔적이 겹겹이 쌓인 손마디까지 마음에 꼭꼭 새겼다.

　어렸을 때 외가에 갔다가 달밤에 아버지 등에 업혀서 집으로 돌아오던 일, 북두칠성이 머리 위로 오면 벼가 익는다거나 내가 공부하는 옆방에서 새끼를 꼬며 동무해 주신 이야기를 했다. 아버지는 빙그레 웃으셨다. 아버지는 늦가을에 오셔서 초겨울에 집으로 내려가신 한 달 후 세상을 떠나셨다. 털실옷은 관에 넣어 드렸다.

　삼척공장에서 근무하던 그는 우리집을 몇 번 찾아가 아버지께 눈도장을 찍으며 사위 될 공을 들였던 듯하다. 그렇더라도 아버지가 돌아가시게 될 줄 알았다면 결혼은 미뤄졌거나 계획대로 이루어지지 않았을지도 모른다. 내 생애 가장 아름다운 꿈을 꾸며 설렜을 시기에 나는 슬퍼하느라 겨를 없는 나날을 보냈다.

　엄마의 일생에서도 가장 힘들었을 때였다. 차창을 내다보며 지나온 삶이 파노라마처럼 지나쳤을 것이다. 맏며느리로 힘들게 살아온 당신의 삶을 답습하러 가는 딸을 안쓰러워하는 마음, 고립무원인 곳에 두고 올 마음도 편하지 않으셨으리라. 일찍 집을 떠나 공부하고 직장에 다니다 시집을 가게 되어 엄마와 속 깊은 이야기를 나눠본 적도 그리 없었다. 그날, 일생을 통해 엄마와 가장 많은 말을 나눈다. 그런 내 엄마가 시집가는 딸에게 할 말이 아닌 말을 한다.

"너무 힘들면 돌아오너라."

연극 배우가 대사를 외듯 착 가라앉은 목소리였다. 괜한 걱정을 하시는구나. 나는 그리 심각하게 듣지 않았다. 행복하게 살 거니까 돌아갈 일은 절대로 절대로 없을 테니까. 지금 생각하니 엄마는 내가 돌아가지 않을 줄 알고 하신 말씀 같다. 내 인생을 책임질 형편도 못 되신다. 그런데 왜 나는 그 엉뚱한 말에 사랑을 느꼈다. 왠지 기댈 언덕이 있는 것처럼 든든했다. 힘들 때마다 힘들면 돌아오라는 엄마 말씀이 이불처럼 따뜻하게 덮어주었다.

삶은 날씨와 같아서 비 오고, 바람 불고, 천둥 치고, 눈보라 치는 날들이 당연히 있다. 궂은 날보다 화창한 날이 더 많았기에 돌아갈 생각을 하지 않았는지도 모른다. 훗날 나는 책임지지도 못할 말씀을 왜 히셨는지 엄마에게 여쭤보지 않았다. 우리집 분위기는 우울했고 엄마의 우울은 극에 닿아 있을 때였다. 나는 엄마를 그렇게 이해한다. 엄마가 내게 보여준 사랑의 한 형태였을 거라고.

미나리

　인생 2막이 진주에서 시작되었다.
　서울 아기가 해온 혼수 앞에 「여로」 연속극을 보러 동네 분들이 모일 때마다 시어머니가 우쭐해하셨다. 동백꽃 필 때 맞이한 며느리가 복사꽃 필 때 입덧을 시작한다. 시댁에서 좋아하셨지만 대놓고 좋아한 사람이 남편이었다. 갑상선 장애가 있어 아기를 못 가질 수도 있다고 했을 때 자신의 '문제 있음'으로 뒤집어쓸 각오가 되어 있다고 했던 때문이다. 훗날 내가 진의를 확인하자 남편은 그저 웃었다. 가부장제가 정점에 있던 때였다. 봉제사할 장손이 절손을 각오하고 몇 년을 기다려 맞은 색시가 한 달여 만에 아빠 예약을 해주니 흥분할 만했다.
　여름이 되자 집안에 날것이 분분해졌다. 고부가 마주 앉아 뒤주 안에 든 쌀을 퍼내 고물거리는 쌀벌레를 잡으며 삼복을 보냈다. 자존심 때문에 쌀 사러 가면서 쌀 팔러 간다고 하는 경상도에서 말 쌀을 살 수 없어서였을까.
　폭우가 쏟아져 갑자기 물난리가 났을 때 광에 키 높이로 쌓여있는 연탄 밑단이 젖으면 전체가 쓰러질까 봐 아기 밴 서울 아기까지 그걸 옮기느라 진땀을 뺐다. 쌀, 연탄, 장독대만 그득하면 사는데 걱정 없다는 구시대 방식을 결혼 첫해에 오지게 경험했다.
　결혼하면 그리움도 끝, 힘든 밤 근무도 하지 않으면서 깨를 볶으며 살게 될 줄 알았다. 큰언니가 말릴 때 들을걸. 때늦은 후회가 파도처럼 밀려왔다. 조부모님. 증조부모님 제삿날이면 내 앞에 드넓은 시월드가 펼쳐졌다. 당고모님 자매가 부축을 받으며 친정에 오셨다. 시고모님의 친정, 시누이들의 친정인 그 댁 부엌데기가 바로 나였다.

공부한다고 서울에서 무위도식하던 시동생이 내려오며 집안에 불안한 기류가 흘렀다. 시부와 시동생이 부딪히면 불똥이 어디로 튈지 몰라 나는 전전긍긍했다. 나가봐야 갈 곳도 없는 처량한 신세였다. 친정은 멀고 친구도 없는 오직 믿을 남편은 내 편만을 들 수 없는 한 집안의 가장이었다. 남편도 그런 집안 분위기가 답답한지 일을 핑계로 바깥으로 돌았다. 이웃들의 측은해하는 눈길도 부담스러웠다. 그토록 힘들 때 누구의 위로도 받지 못했다는 울화가 오래 괴롭혔다.

동갑내기 시동생은 이른 나이에 하늘나라로 갔다. 착한 사람이었는데 술 때문에 자신은 물론 주변을 힘들게 했다. 할아버지 방, 삼촌 방을 다녀오면 타르 냄새가 나던 어린 딸을 연기에서 지켜주지 못한 게 지금도 미안하다.

남편노 술을 좋아했나. 말술을 감낭할 체질인시 해장국을 끓인 적은 없다. 양맥(양주, 맥주)은 술도 아니라며 로진스키(진로소주)의 추종자였던 사람이 어느 때부터 술이 맛이 없다고 안 마신다. 적정 주량으로 평생 수발할 작정이었는데 단주라니 고마울 따름이다.

담배도 그년(煙)과의 관계를 아직도 정리하지 못했느냐는 내 구박 때문이었는지, 건강을 생각해서인지 오십 대 중반에 끊었다. 얼마나 지긋지긋한 냄새였는가. 해방감에 만세를 불렀다.

변할 것 같지 않던 일상에 일대 전환이 온다. 고향으로 내려와 집안일을 돕던 남편이 옛 직장으로 복귀한 것이다. 남편이 삼척으로 떠날 때는 제자리를 찾아간다고 어깨춤을 추던 어머니가 설을 쇠고 내가 진주를 떠날 때는 내 손을 잡고 울먹이셨다. 시부모님은 혼란 속에서도 중심을 잡고 집안을 잘 건사했다며 무한신뢰를 주셨다. 집 문제 등으로 힘든 일을 겪으며 치열하게 살아낸 6년이었다.

새집으로 이사해 집과 정원을 예쁘게 꾸며놓고 몸만 떠나왔다. 이듬해 와보니 어머니가 잔디를 걷어내고 텃밭을 만들어 호박넝쿨이 이리저리 뻗어 있었다. 그분이 살아온 삶의 방식으로 회귀한 것이다. 나는 감나무에 호박이 주렁주렁 매달리는 이질적인 토양에서 용케 잘 견뎌냈다.

얼마 전 오스카 열풍이 불었던 「미나리」를 관람하며 이민 가정이 새로운 땅에 뿌리 내리는 과정과 내가 살아온 과정이 다르지 않음에 울컥한 마음이 들었다. 남편도 그랬을 것이다. 동짓달에 든 아버지 기일에 대관령 눈길을 뚫고 결혼한 첫해부터 빠지지 않고 가족을 대동해 참석했다. 우리는 미나리처럼 강한 생명력으로 부모님의 자식에서, 자식들의 부모로 든든한 뿌리를 내리고 살아왔다.

다시 삼척

 강산이 변한다는 시간, 십 년 만에 다시 삼척이다. 60년대 초 「열두 냥짜리 인생」을 촬영했던 곳, 항구를 끼고 있는 기간산업단지다. 주변을 압도하는 웅장한 공장, 석회석 덩이를 부수는 소리와 희뿌연 먼지에도 곧 익숙해진다. 시멘트로 밥을 버는 동양 맨은 타워에 불이 꺼지면 비상이다, 소음이 나야 하고 먼지도 나야 한다. 너무 많이 나면 집진기 이상이다. 그 정도는 세 살 된 삼척 개도 안다는 농담을 여기 사람들은 진담처럼 한다.
 강산만 변했을까. 십 년 전 알라딘의 요술램프 같은 이상한 곤로에서 발화한 불씨가 인연이 되어 만난 우리는 사택에 입주한다. 3층은 특정 직급 이상에만 배정되었다고 한다. 사택의 특성이라면 소문이 빛의 속도로 퍼진다는 점이다. 우리가 결혼했다는 소문, 삼척으로 다시 왔다는 소문이다. 나보다 나이가 많은 분들이 사모님이라 부르는 게 한동안 거북하고 불편해 집에 있는 시간이 많았다.
 시집살이로 심리적인 감옥을 체험한 내게 삼척은 신세계였다. 결혼하자 곧 임신했고, 집 안이 넓어 집성촌의 종부처럼 여일한 날이 없이 살았다. 어른 앞에서 자식도 귀애하면 안 되는 불문율, 감히 색시에게 애정 표현은 절대 금기여서 평소에도 과묵한 남편은 더 말수가 줄어들었다. 진주에서 소 닭 보듯 하던 그 남편이 삼척에 둥지를 틀자 새

장가를 든 듯 살가워졌다. 찐 신혼! 환경이 사람을 이렇게 변모시킨다.

 날마다 오십천 위를 한가로이 날아다니는 갈매기를 조망하고, 이웃들과 커피를 마시고, 아무 때나 바다를 보러 가는 자유! 평생 떨어져 살 줄 알았던 친정엄마를 자주 뵐 수 있는 게 꿈인 듯싶었다.

 좋은 일이 이어졌다. 예정일을 열흘 넘겨 결혼 7주년 기념일에 과체중으로 태어난 아들이다. 어미를 힘들게 했으면서도 자신이 선물이었다고 철들 때까지 뻐겼다. 순하고 잘 웃어서 이웃들이 업고 가서 보살펴주었다. 어느 집에 엄마들이 모였는지는 아기를 어르는 웃음소리로 알 만큼 귀염과 사랑을 많이 받으며 자랐다. 좋은 분들을 만나 평생 우의를 다지며 사는 것도 다시 삼척에 가지 않았다면 누리지 못할 복이다.

 옆집에 사는 분은 남편의 죽마고우다. 초등학교 때 전학 간 몇 년 후 대학 캠퍼스에서 해후, 군에 가서 해후, D그룹 입사 시험장에서 해후하며 입사 동기까지 된다. ○○병원 동료였던 태남 씨도 삼척에서 해후해 일생의 친구가 된다. 그것도 입사 동기 부부 모임에서 우연히 만난다. 50년 지기의 집에 숟가락이 몇 개 있는지 아는 건 고전이다. 서로의 배 속까지, 뼛속까지 아는 사이가 되었다.

 오래 함께하다 보니 남편과 나의 성격을 아는 그분들이 우리의 연애사를 궁금해했다. 부부 열 명이 천제단 일출을 보러 갔을 때다. 눈이 푹푹 내리는 산장에서 밤을 새워 옛

이야기로 정담을 나누는 자리에서였다. 나는 활달한 편이고 남편은 샌님 스타일인데 내가 꼬리를 쳤으면 쳤지 저 꼴샌님이 작업을 걸었을 리 없다고 생각했을 것이다. 곤로에서 시작된 우리 로맨스의 전말에 모두 재미있어하며 남편의 적극적인 면을 다시 보게 되었다고 했다. 보이는 것이 전부가 아니라는 걸 증명한 셈이다. 노년이 된 지금 세 가족은 오래전에 공동으로 구매한 화성 밭에서 농사를 짓는다. 포도, 매실, 밤, 감, 아로니아, 앵두나무가 있고 여러 가지 채소를 가꾼다.

몇 년 전 품이 적게 든다는 말만 듣고 아로니아를 많이 심었다가 나무가 자라 이젠 감당 불능이다. 첫 수확을 했을 때 지인들에게 보내주고도 많이 남아 길가에 쫄로리 앉아 팔기도 했다. 이제 힘에 부쳐서 엄두도 내지 못하는 추억거리다. 무엇을 더 바랄까. 바란다면 욕심이다. 이런 인연이라면 다음 생에도 또 만나지 않을까. 다시 만났으면 좋겠다.

수고했어요

남편이 정년퇴직한 다음 날 차려입고 둘이 도심으로 나들이를 갔다. 추운 때이기도 했지만 '그동안 고생했어요. 당신의 노고에 감사합니다.'라는 이벤트에 어울리는 옷을 골라 입었다. 평소에는 잘 입지 않는 옷. 어쩌면 이런 코트까지 입고 살았다는 고마움을 나타내고 싶었는지도 모른다.

우리는 그날 덕수궁미술관에서 닥종이 공예전시회를 본 후, 손을 잡고 정원을 산책한다. 그리고 근사한 곳에서 점심을 먹었다. '이제껏 당신이 벌어온 돈으로 살았고, 앞으로도 그럴 것이니 마음 편하게 살라'고 말했다. 당연한 치사였다. 남편은 회사 일이 가정사 우선이었고, 가진 능력이 얼마이든 최선을 다해 일했다. 이유 없는 지각이나 결근은 있을 수 없었다. GDP 100달러도 안 되던 때에 입사하여 밤낮을 가리지 않고 묵묵히 일했던 사람, 대한민국의 부흥을 일궈낸 위대한 세대의 일원이었다.

남편은 자신의 노동한 대가를 동전 한 푼도 축내지 않고 가져다주었다. 그렇게 하는 것이 기쁨이라는 듯이 뿌듯해했다. 그해 실적이 좋을 때 받는 특별보너스도 마찬가지였다. 믿고 맡겨준 것이 고마웠다. 일단 가져다준 돈은 떡을 사 먹든, 옷을 사 입든 간섭하지도, 궁금해하지도 않았다. 대신 육아와 집안 대소사를 맡겼고, 가정경제를 일임했다. 월급날이면 별식을 마련해 고마움을 표했었다. 그것이 마지막 이벤트라고 생각하지 않는다. 고마워하는 마음을 잊지 않고 살아가기를 나 스스로에게 당부했다. 퇴직금까지 맡겨주었으니 내 책임이 막중했다.

환할 때는 모르다가 겨울이면 어둑할 때 출근하던 남편의 등이 안쓰럽게 느껴질 때가 있었다. 밥을 구하러 저 어둠 속으로 나가는구나. 그래서 남편이 출근하면 집 안을 쓸고 닦고, 광을 내며 주말을 기다리고 공휴일을 기다렸었다. 이제 휴일을 기다리지 않아도 되었다. 오늘은 노는 날, 내일은 쉬는 날, 날마다 휴일이었다.

흐르는 강물처럼

 딸은 결혼해 집을 떠나고, 아들은 군에 입대했다. 결혼하고 처음인 둘! 신혼 때에도 느껴보지 못한 단출함이었다. 적막이 감돌았다. 우리는 노후를 보낼 만한 곳을 물색하다가 한강 변에 닻을 내린다. 병풍처럼 둘러있는 예봉산과 집 앞으로 흐르는 강이 '흐르는 강물처럼' 살고 싶은 마음을 어루만져 주었다. 번잡한 세상사 모두 저 강물에 띄워 보내리라.
 남편은 기(氣)운동을 하며 불교 교리를 공부했다. 술을 멀리한 것도 그때부터였다. 우리는 산을 오르다가 쉴 만한 곳을 만나면 명상에 들었다. 심산유곡이 아니어도 한 몸 앉을 자리만 있으면 되었다. 너럭바위여도 좋았고, 소나무, 잣나무, 산 목련 그늘 아무 데라도 조용히 앉아 호흡에 집중하며 마음을 들여다보았다.
 숨이 멈추는 날까지 이렇게 살 것인가. 잡념이 끼어들면 그때부터 명상은 끝이다. 은퇴하면 여행도 하며 유유자적 살아야지 하던 마음도 언제 그랬냐는 듯이 재미가 달아나

버렸다. 하고많은 시간은 재앙처럼 무료하기만 했다. 곶감 빼 먹듯이 줄어드는 재정도 문제였다. 문득문득 불안감이 몰려왔다. 좋아하던 술 담배도 멀리하고 이슬만 먹을 것처럼 명상에 빠져든 도사에게 다시 일터로 나가라고 할 수 없었다. 노후를 책임지겠다고 했던 내 말도 되돌릴 수 없었다. 남아일언(男兒一言)만 중천금(重千金)인가. 구하는 자, 얻으리라. 뜻이 있는 곳에 길이 있다. 그 금언대로 내 능력으로 할 수 있는 일을 찾게 되었다.

남편의 도움을 받으며 십여 년 동안 의료 관련 재택근무로 남아도는 시간과 부족한 재정을 동시에 해결한다. 보란 듯이 두 마리 토끼를 잡은 것이다. 우리는 남들 눈에는 노는 것처럼 일하며 얻은 돈으로 없는 시간을 쪼개어 둘이, 혹은 동기 부부들과 국내는 물론 여러 나라를 여행하며 활기차게 보냈다. 무엇보다 시간이 많을 때보다 일을 하는 사이에 짬을 내어 적당한 긴장감을 가지고 여행할 때가 더 즐거웠다는 생각이 든다.

코비드로 세상이 봉쇄된 데다 나이가 드니 즐겁던 여행도 시들해졌다. 다리가 후들거리기 전, 가슴이 뛸 때 여행하라는 말이 이제야 마음에 와닿는다. 할 수 있을 때 하고 싶은 걸 하면서 후회 없는 시간을 보낸 셈이다.

나는 주말농장에서 농사짓는 걸 좋아한다. 올해도 모종을 심고 씨를 뿌렸다. 싹이 올라오고, 갈 때마다 자라있는 모습을 보면서 희열을 느낀다. 우리가 먹으면 얼마나 먹을까.

이웃과 나누면 채소 산타가 왔다고 좋아하니 나누는 기쁨 또한 크다.

여건이 허락하는 한 계속 흙과 더불어 살고 싶다. 농촌에서 태어나 농사라는 그 지난한 과정을 보며 자랐다. 어쩌면 내 안에 모천을 그리워하는 회귀본능 같은 것이 잠재되어 있다가 씨앗이 싹을 틔우듯 요동치는지도 모르겠다. 식물을 좋아하는 편이기는 하다. 최장 42년을 함께하고 있는 난을 필두로 관음죽은 내 집에 온 지 36년째, 회갑 때 남편에게 받은 호접란은 12년째 꽃을 피운다. 반생을 함께하고 있는 반려 식물들이다.

또 하나 큰 즐거움은 외손자들이 태어나 자라는 모습을 볼 때였다. 태윤, 태원이 태어났을 때를 생각하면 지금도 가슴이 뛴다. 딸네와 가까이 사는 동안 고놈들 재롱을 보며 행복한 시간을 보냈었다. 무심해 보이는 남편도 제 자식들 목말 태워 찍은 나들이 사진이 있으니 살가운 아비였다. 외손자를 등에 업고 조손이 파안대소할 때 찍은 사진이 있으니 살가운 할아비였다. 글이든, 사진이든 사실을 증명할 기록이 있어야 한다. 내가 그 기록자다.

어릴 때부터 쓰는 걸 좋아했다. 결혼한 후 대가족 살림을 하던 그 바쁜 와중에도 일기, 육아일기, 금전 출납, 편지를 써야 일과가 끝났다. 고향에 계신 엄마. 서울 자매들, 토론토 언니, 사우디에 간 오빠, 독일에 있는 친구들까지 편지를 쓰지 않는 날이 없었던 듯하다. 받은 편지 중에 간직하고 싶은 편지들은 잘 정리해 보관하고 있다. 가끔 꺼내 읽어보면 사오십 년 전의 일들이 주마등처럼 스쳐 지나간다.

조부모 세대부터 위아래 5대를 보며 살아왔다. 남편은 증조모까지 6대를 보았다. 장수한다면 7대를 보게 될지도 모른다. 나는 최빈국일 때 태어나 전후 피폐한 환경에서 유년기를 보냈다. 손목에 갈고리를 낀 6.25 참전 상이용사들이 수업 시간에 불쑥 들어와 연필을 사라고 했다. 아이들도 돈이 없기는 마찬가지였다.

남편은 나라도 없을 때 태어나 태평양전쟁과 6.25 전쟁을 겪었다. 초등학교 다닐 때 흑판을 들고 그날 날씨에 따라 장소를 바꿔가며 공부했다고 한다. 보릿고개를 넘어 새마을 운동과 민주화 운동의 함성을 듣고 보았던 우리는 이제 선진국이 된 나라에서 노년을 보내고 있다. 자랄 때 상상도 하지 못했던 번영을 누리며 사는 행운 세대이기도 하다. 세계 최고 수준이라는 의술과 의료보험이 있어 죽지도 못하게 생겼다는 우스개가 있다.

한강은 태백에서 발원하여 굽이굽이 흘러 서해로 흐른다. 동해안에서 발원하여 한강을 따라 흘러온 우리도 서해안이 가까운 파주에 닻을 내리고 노년을 보내고 있다. 언젠가는 어머니의 바다로 흘러들 것이다.

슬기로운 노후 생활

호텔 조식에 꼭 나오는 메뉴 중 하나가 sunny side up 달걀 프라이다. 태양이 뜨는 모양과 비슷하다고 붙여진 이름이라 한다. 스테이크에 레어, 미디엄, 웰던이 있듯이 달걀 프라이도 익힌 정도에 따른 명칭이 있다.

오래전부터 우리집 아침 식사는 아메리칸 스타일이다. 달걀, 빵, 과일, 커피를 주로 먹는다. 식생활 패턴이 바뀐 집이 많아 쌀 소비가 줄어들었나 보다. 아침 한 끼는 아메리칸 스타일로 먹는 집이 많다는 뜻이겠다.

호텔에서 아침부터 드립커피를 제공할까? 우리집에서는 가능하다. 나는 바리스타가 내려주는 커피를 마시고, 노른자가 태양처럼 떠 있는 달걀 프라이를 먹는다. 노복이 텄다.

영감은 잠드는 패턴이 나랑 너무 다르다. 딱 새 나라의 노인이다. 일찍 일어나 신문을 읽느라 부스럭거린다. 부스럭거리다가 시장한지 부엌에서 또 달그락거린다. 하나님이 우리처럼 다른 인간을 한데 엮이게 한 뜻을 새겨보다가 문득 한 꾀가 떠올랐다. 아침형 인간을 싱크대 앞에 세우는 일이었다.

당신이 해주는 아침밥을 먹고 싶다는 내 간청에 영감은 기다리고 있었다는 듯 단번에 승낙했다. 진즉 부탁하지 못한 게 후회스러울 지경으로 다음 날부터 당장 하겠다는 것이다. 자자, 서두르지 마세요. 이 정도의 열성이라면 더 부탁해 볼까? 얼른 떠오르는 것이 커피 내리는 일이었다. 제대로 얻어먹으려면 제대로 가르쳐 주어야겠다. 처음에는 왼손잡이의 서툰 칼질에 조마조마했다. 껍질에 영양분이 많다는데 반은 날려버리는 것 같아 조마조마, 빵 부스러기와 팬을 쓰고 난 후의 미끈거림은 내가 치우고 닦았다. 고래를 춤추게 하려면 칭찬과 격려는 필수, 추임새 넣을 타이밍도 놓쳐서는 안 된다.

영감은 꼼꼼하고 깔끔한 데가 있다. 빨래를 널고 개켜서 정리하는 일은 AI 수준이다. 어머니를 닮아 이불도 각을 맞춰 개어 올리고, 옷을 정리해 넣어놓은 장 속을 보면 딱 모전자전이다. 부엌일도 그랬다. 과일을 예쁘게 깎아서 색깔 맞추어 담으려는 마음이 읽힌다. 달걀도 주문 배수한다.

늘그막에 아침 한 끼 얻어먹는다고 아부할 생각은 없다. 달걀 한 알을 삶고 지지는 단순한 것에도 날마다 변화를 주려는 모습, 당신이 할 일이 있다는 걸 기꺼이 받아들이는 걸 응원하는 것이다. 내가 외출했을 때 혼자 식사를 해결하니 일찍이 부엌 한 귀퉁이를 내어준 나의 선견이 빛을 발했다. 그리고 보니 영감이 하는 일이 꽤 많아졌다. 내 영역이 이렇게나 많이 침범당했다니 긴장된다. 곧 곳간 열쇠를 내주게 될지도 모르겠다.

"영감! 살림 재밌지? 재미있다니까요!" 나는 당당해진 삼식 씨에게 잘한다. 맛있다, 행복하다는 아부를 잊지 않으며 얻어먹는 자의 슬기로운 자세를 견지해 나갈 작정이다.

진달래꽃 필 무렵(46주년)

　봄이 오면 고향 뒷산은 진달래꽃으로 뒤덮였다. '꽃이 피면 내 마음도 피어'난다는 뜻도 모르는 노래를 부르며 친구들과 꽃을 꺾으러 산을 쏘다녔다. 연분홍은 연해서 예쁘고, 진분홍 꽃은 진해서 예뻤다. 홑꽃은 청초하고, 겹꽃은 풍성해서 좋았다. 꺾다가 저쪽을 보면 더 예쁜 꽃이 있었다. 꽃을 따라가다가 혼자 너무 멀리 가 있을 때면 더럭 겁이 났다. 그러다 길을 잃을까 봐 어른들이 꽃 꺾으러 가면 문둥이가 잡아간다고 겁을 주었나 보다. 꺾어온 꽃을 도랑에 꽂아두고 오가며 봄의 전령을 오래 들여다보았다.

　사회생활을 시작한 첫해, 진달래색 옷을 입고 고향에 갔더니 뒷산에 꽃이 만발해 있었다. 아버지가 '너도 진달래꽃 같구나' 하시며 환하게 웃으셨다. 사월 초순에 결혼식을 올렸다. 달콤한 밀월, 어딜 가도 진달래꽃이 피어있었다. 행복할 때 보던 꽃이어서인지 봄이 오면 진달래꽃이 피었는지 궁금해진다.

　원미산에 진달래가 유명하다는 소문을 듣고 결혼기념일에 맞추어 꽃구경을 갔다. 소문대로 진분홍 보자기를 씌워놓은 듯, 연분홍 물감을 뿌려놓은 듯, 온 산이 진달래꽃으로 뒤덮여 있다. 원미산은 원래 진달래가 많다. 원래도 많던 곳에 더 많은 진달래를 심어 가꾼 결과 봄이면 구름 인파가 몰려든다. 오늘은 우리도 꽃을 찾아온 나비다.

꽃구경을 실컷 한 나비 한 쌍이 그늘에 앉아 진달래 꽃술을 가지고 놀았다. 꽃술끼리 싸움을 붙여 엇걸어 당겨서 먼저 끊어지면 지는 놀이다. 청춘일 때 했던 놀이를 노년에도 하고 있으니 관성인가 보다. 사람이 모이는 대목이라고 자화상을 그려주는 화가도 왔다. 구경하다가 우리도 해보기로 한다. 결혼기념일답게 다정하게 앉아 포즈를 취했다. 거친 벌판을 걸어 예까지 왔더라도 오늘은 꽃길! 눈 닿는 곳 모두 진달래꽃이라 취한 듯 몽롱하다.

 '연못가에서 꾼 즐겁던 꿈, 깨기도 전에 인생의 가을이 온다.'라는 춘초몽에서 깨어나니 그림이 완성되었다. 젊을 때 모습으로 생글생글 웃고 있는 모습이다. 기분 좋으라고 너무 젊게 그려주었나 보다. 이런 시절이 우리에게 있었나 싶을 만큼 낯설다. 주름을 더 그려 넣어 달라고 주문한 끝에 60대는 되었다. 기념비적인 자화상을 손에 들고 돌아오는 길, 연분홍 꽃물이 든 마음이 호접지몽인 듯 지난 세월이 아득하다.

알람브라 궁전의 추억

 4월 초순, 벨라탑 위에서 바라본 시에라네바다산맥은 흰 눈으로 덮여있다. 저 설산에서 내려온 물이 알람브라 궁전까지 내려와 수로를 따라 소리 내며 흐른다. 흐르다가 분수로 솟구치기도 하고, 아라야네스궁전 앞에서는 거울처럼 궁전의 위용을 물에 새긴다. 환상적인 정경이었다.

　궁전은 일일 입장객 수를 제한한다. 궁전 안의 궁전인 나스르궁도 일정 인원을 시간별로 입장시킨다. 예약한 시간이 될 때까지 우리는 성의 요새와 성당, 수도원과 주변 정원을 관광했다. 드디어 나스르궁에 입장했다. 벽과 천정을 휘감은 섬세하고 화려한 조각이 혼을 쏙 빼놓았다. 가장 아름답다는 아벤세라헤스의 방에 들어서자 이내 몽환적인 분위기에 빠져들었다. 팔각형 별 모양의 천창을 통해 들어오는 빛이 화려한 조각에 반사되어 영롱한 무늬를 벽면에 아로새겼다. 이슬람은 종교적인 이유로 인간이나 동물의 형상을 쓰지 않고 기하학적인 무늬와 아라베스크 문양으로 벽을 장식한다. 우아한 무늬들이 가득한 천정을 넋 놓고 바라보고 있을 때였다. 남편이 내 손을 잡고 방의 한가운데로 이끌었다.

　"여기 서서 내가 말하는 소리가 들리는지 보오."라며 옆방으로 갔다. '대사의 방'에서 말하는 소리가 아벤세라헤스 방의 중앙에서 들린다고 했던 안내자의 말을 시험해 보려는 것이다. 사절들의 대화를 엿듣는 현대판 도청 징치를 건축에 활용했다는 데 정말 그럴까? 귀를 쫑긋 세우고 집중, 또 집중했다. 아무 소리도 들리지 않았다. 인원을 제한하기는 해도 주변이 어수선하기는 했다. 조용했다면 대사의 방에서 하는 말이 정말 들렸을까?

　나스르궁전의 중앙에 있는 사자의 정원은 왕 이외의 남

자는 들어올 수 없는, 즉 왕의 여자들이 모여 지내는 할렘이었다고 한다. 부귀영화를 누렸더라도 여자들은 진정 행복했을까. 일부일처로 평범하게 살아서 다행이라 여기며 정원을 둘러보다 퍼뜩 생각났다. 조금 전 대사의 방에서 남편이 내게 뭐라고 말했는지 궁금해 물어보았다. 남편은 빙그레 웃었다. 그리고 사자상 뒤로 가 손나팔을 만들더니 '이렇게 했지'라며 시연하는 것이었다.

감동이다.

전형적인 경상도 남자, 무뚝뚝하고 잔재미 없다고 바가지 긁히는 남자에게 아벤세라헤스 방에서, 사자의 정원에서 또 한 번 큰 선물을 받았다. 무형의 선물, 대체 불가 낭만 선물이다. 말로 천 냥 빚을 갚는다는 말이 있다. 남편은 그 한마디로 천 냥을 저축했다. 웬만한 잘못은 탕감될 자산이다.

라디오를 듣다가 「알람브라 궁전의 추억」 음악이 나오면 공기까지 감미롭던 20년 전 그날이 떠오른다. 수로를 따라 흐르던 물소리도 들리는 듯하다. 줄을 튕기는 기타의 트레몰로 기법은 타레가가 궁전을 휘돌아 흐르는 물소리에서 영감을 받아 작곡해 연주한 거라 한다.

며칠 전, 남편은 그때처럼 날 불렀다. 남편은 내게 바라는 게 없다. 그러하니 아부성 호칭은 아닐 것이다. 나는 그 호칭이 어이없는 한편 고맙기도 해 낭만 저축금을 배로 올려주었다. 후한 인심에 대한 보상이다. 내 인생에 성공한 게 있다면 늙어서 듣는 젊을 때 애칭이다.

어떤 추억은 꿈을 꾸게 만든다. 알람브라 궁전의 추억이 내게 그렇다.

고마워요, 당신

지난해부터 남편의 좋은 점만으로 글 한 편을 쓰겠다고 약속했다. 한편쯤이야! 대수롭지 않게 생각했는데 안 쓰고 싶은 일이 거푸 일어난다. 자존심 대결, 심리적 영역 다툼이 이어진 것이다. 이혼? 졸혼이라도 하고 싶었지만 50년을 함께한 세월이 아까워서 마음 넓은 내가 져주기로 했다. 다만 좋은 점만 쓰겠다던 약속은 지키지 못했다. 그래도 좋은 점은 많이, 안 좋은 점은 줄여 써서 괜찮은 사람으로 그려졌다.

칼날 위에라도 같이 누울 것 같던 남편의 타고난 성정은 누구에게나 평행선 거리를 유지해야 숨통을 트는 사람이다. 다감한 편인 나와 참 안 맞는구나 한탄한 적이 많다. 그럼에도 맞추려고 노력했던 사람! 지나간 세월을 유추하며 글을 쓰다 보니 당연하다고 생각했던 것들이 새삼 고맙게 다가왔다. 다정다감은 아니더라도 속 깊고 가정적인 남편이었다는 걸 일깨웠다. 반세기 전 마음을 설레게 했던 남자, 꽃길 가시밭길 함께 걸어온 동반자, 함께 금혼을 맞은 우리.

고마워요, 당신!

금혼식은 로마 시대에 결혼 50주년을 맞은 아내에게 금으로 만든 화관을 씌워주었던 데서 유래했다는 설이 있다. 중세 독일에서는 남편이 금화를 금혼선물로 주었다는 설도 있다. 두 가지 설 모두 남편이 아내에게 선물을 주었다는 공통점이 있다. 로마 시대도 아니고, 남편이 화관 씌워줄 형편은 아니니 김칫국 마실 생각은 없다. 그렇더라도 고맙다는 말은 듣고 싶다.

캐나다에서는 금혼을 맞는 부부에게 총리가 축하 메시지를 보낸다. 미국에서는 대통령의 축하 카드를 받는다고 한다. 나라의 수장이 축하할 만큼 경사스럽고 흔치 않다는 뜻이다. 한국에서는 흔한 일이어서인지 그런 건 없다. 다만 자식들이 부모의 결혼 60주년을 기념하는 회혼례를 해드리는 전통은 있다. 그때도 건강하게 함께하기를 기대하며 금혼을 자축한다.

메멘토 모리 - 죽음을 기억하라

추석 차례가 끝난 다음 시모님 영정에 다가가 생전에 하던 대로 "어머니!" 하고 불러보았다. 며느리를 바라보시는 눈빛이 따뜻하시다. 문득 반세기 전 어머니와 제사 음식을 장만하며 나눈 말을 생각한다.

"어머니! 혼백이 정말 있을까요?"

"귀신은 무슨 귀신!"

그리 생각하시면서 어머니는 그 힘든 봉제사 수발을 해오셨다. 나는 나중에 어머니가 사의 나라에 가시면 꿈에 오셔서 혼이 있는지 없는지 귀띔해 달라 부탁드렸다. 그러겠다고 하셨던 어머니는 망각의 강을 건너며 이승의 기억을 잃어버리셨는지 한 번도 꿈에 안 오신다. 제사를 모실 때마다 어머니와 나누었던 말이 생각난다. 요즈음은 종교적인 이유로, 또는 핵가족 시대가 되며 간편하게 지내거나 지내지 않는 가정이 많아졌다.

양가 부모님들은 오래전에 돌아가셨다. 이제 우리 차례다. 99881234는 99까지 88 하게 살다가 이삼일 아프고 4(死) 하자는 희망 송(song)이다. 99까지 바라는 건 욕심, 88하게 살고 싶은 것 또한 희망 고문이다. 엘리자베스 여왕이 부러웠던 게 96세에 1234 하신 거다. 필립공은 99세에 가셨다. 비결이 있었을까?

우리는 감사하게도 아직은 나름 선상하다. 영감은 대체로 좋은 습관을 지니고 있다. 걷기로 유산소운동을 하고, 젊을 때부터 아령으로 근력운동을 해왔다. 나는 함께하는 운동을 좋아하고, 영감은 혼자 하는 걸 좋아한다. 그래서 예전 등산할 때 말고는 같이 하는 운동은 없다.

과식을 하지 않는다. 음식 타박도 하지 않는다. 고맙다고 하면 당신이 손맛이 있으니까 그렇다고 정답을 말한다. 정해진 답을 아는 영감이다. 술과 담배를 하지 않는다. 나이 차이가 있는 내게 존대어를 쓴다. 청력이 좋아 어지간한 거리에서는 흉도 못 본다. 코를 골지 않는다. 잔소리를 하지 않는다. 간섭하지 않는다. 검소하다. 정해진 용돈 안에서 쓴다. 아이들 키울 때 큰 소리로 꾸짖거나 매를 든 적이 없다. 양말 한 켤레라도 가족들 추석빔과 설빔을 잊지 않는다. 외도는 했는지 모르겠으나 들킨 적은 없다.

사소한 것까지 찾아낸다면 영감의 장점은 A4 용지 한 장으로도 부족하다. 반면, 동전의 양면처럼, 달의 뒷면처럼, 빛의 그림자처럼 영감에게도 뒷면이 있다.

돈이 있는지, 쌀이 있는지 궁금해하지 않는다. 요샛말로 안물안궁이다. 식사 속도가 빠르다. 젊을 때는 완전 과속이었다. 군대 갔다 오면 그렇다는 둥, 바쁜 회사 생활하느라 그렇다는 둥 혼자 군대 갔다 오고, 혼자 회사 다닌 듯 말한다. 방귀를 잘 뀐다. 운동 나가면 걷는 데만 열중한다. 나처럼 구름도 보고, 꽃도 보며 걸으면 좋으련만. 그래서 같이 걷지 않는다.

과묵한 건 좋으나 말수가 적다. 묵언도 폭력이라는 생각이 들 때가 있다. 심리적 동굴 안에 들어가면 오래 나오지 않는다. 그럴 땐 동굴 입구를 막아버리고 싶다. 그랬어? 그랬구나, 해주면 될 일이 싸움으로 비화하기도 한다. 공감에 인색한 영감탱이다.

잔소리와 간섭을 하지 않는다고 자랑하면 아들은 무관심일 수도 있다고 초를 친다. 별것도 아닌 일로 토닥거리면 성격이 맞는지 알아보지도 않고 결혼했느냐고 냉소적이다. 잘못했네. 아들! 너나 잘하세요!

사소한 단점까지 찾아낸다면 역시 A4 용지 한 장으로 부족하다. 단점이라기보다 성격 차이일 것이다. 참고 사느라 피차 사리 몇 개씩은 생겼을지도 모른다. 그래서 준비성 많은 영감과 나는 내세(來世) 플랜을 세워두었다. "다음 생에는 만나지 맙시다. 마주치더라도 이상한 곤로 같은 걸로 작업 걸 생각은 추호도 말고 그냥 지나가시라고요."

완벽한 합의다. 이렇게 잘 맞을 때도 있다니! 결정 장애가 있는 영감이 결혼 50년사 최단 시간에 흔쾌히 동조했다. 내세에 안 만나기로 했으니 이왕 만난 현세의 여생에 집중하기로 했다.

모처에서 「무소유」 강좌가 있다는 문자를 받고 등록했다. 상속, 증여, 연명치료, 장묘, 아름다운 노년을 위한 내용이다. 법정 스님의 무소유인 줄 알았는데 '무척 소중한 당신'의 줄임말이란다. '무척 소송'할 때도 있고, 심정 상하면 '무소용'일 때도 있다. 연명치료 거부의향서는 망설임 없이 신청했다. 영감은 무덤 같은 것으로 흔적을 남기지 말라고 한다. 자식들과 의논할 일이지만 참고는 하겠다고 했다. 상속, 증여를 고민할 만큼 자산이 없으니 그 걱정은 안 해도 되겠다. 부자는 아니어도 나라와 자식에게 신세 지지 않으니

'나를 가난하게도 마옵시고, 부하게도 마옵시고, 오직 필요한 양식으로 나를 먹이시옵소서.' 잠언 그대로다.

버리고 갈 것만 남아서 홀가분하다는 P 선생, 모든 것이 선물이었다는 L 선생. 죽음에 맞서지 말고 온 곳으로 돌아간다고 생각하면 두려울 게 없다는 말씀을 선물처럼 받아들인다. 떨어지는 잎을 보며, 흩어지는 구름을 보며, 자라나는 아이들을 보며 자연의 이치를 읽는다. 생의 좌표를 읽는다. 충실하게 살다가 미련 없이, 후회 없이, 두려움 없이 홀가분하게 떠나는 공부를 한다. 메멘토 모리! 죽음을 기억하라.

4

운정

내 귀는 소라껍질

 늦여름, 친정 자매들과 전철을 타고 서해 용유도로 가고 있다. 인천공항역에서 내려 버스로 갈아타고 얼마쯤 가면 을왕리 바닷가다. 예전에는 용유행 자기부상열차가 있었는데 무슨 연유인지 지금은 운행하지 않고 있다. 해외로 가는 여행객들의 행색 때문인지 공항으로 가는 전철 안은 공기부터 다르게 느껴진다. 그들의 들뜸에 비하랴만 오랜만에 바라보는 차창 밖 풍경이 은하철도를 타고 시원으로 돌아가는 환상에 빠져들게 한다.

 어렸을 때 바다는 집에서 그리 멀지 않았다. 아이들 걸음으로 한 시간쯤 걸렸으니 가까운 거리도 아니었다. 갈 때보다 집으로 돌아올 때 더 멀게 느껴진 건 기대를 지니고 갈 때와 지쳐 돌아올 때의 기분 탓이었을 게다. 그때도 오늘처럼 바다에 가는 날은 정해져 있지 않았다. 누군가 바람을 잡으면 십 분 내로 출발할 수 있을 만큼 사는 게 아주 단순했다.

아이들은 조가비를 주워서 밥을 먹기에 숟가락은 안 챙기지만, 수영복은 없어서 못 챙겼다. 이 땅에 플라스틱이 상륙하지 않은 때였다. 물통은 언감생심, 가다가 목이 마르면 길갓집 우물이나 샘이 있는 곳을 찾아가 양껏 마시고 낙타처럼 타박타박 걸었다. 마침내 육지의 끝에 다다르면 뜨거운 모래밭을 질주해 바닷물 속으로 뛰어들었다.

아이들은 누가 가르쳐주지 않아도 바다에서 노는 요령을 스스로 터득한다. 밀려오는 파도에 몸을 맡기고 허우적거리기를 반복하면 물에 떠서 조금씩 전진했다. 개구리가 물속에 있을 때 모습과 비슷했는데 알고 보니 개 영법이었다. 자면서도 헤엄치는 꿈을 꿀 정도로 수영에 진심이던 때를 거치며 나는 또래 중 개헤엄의 지존이 되었다.

수심이 깊은 동해에서 도구 없이 째복을 주울 때는 몸을 이리저리 흔드는 트위스트 동작으로 시작한다. 발가락에 닿는 물체가 돌인지 조개인지 판별한 후 작은 놈이면 발가락 사이에 끼워서 들어 올리고, 큰 조개는 빌등 위에 올려 조심스레 들어 올린다. 그때 파도가 치면 조개는 재빨리 달아나 모래 속에 숨어버린다. 이러니 갯벌에서 호미로 조개를 캔다는 서해와 헤엄을 치지 않아도 둥둥 뜬다는 사해를 부러워하지 않을 수 없었다.

아서라, 죽음의 바다(사해)에서 둥둥 뜨느니, 갯벌에 엎드려서 호미질하느니 동해에서 개헤엄 치며, 발가락으로 조개 잡는 게 낫겠다. 내가 제주도에서 태어났으면 해녀가 되었을까?

어머니는 우리끼리 바다에 간다고 해도 그리 걱정하지 않으셨다. 동생들 건사 잘하라거나 깊은 물에 들어가지 말라는 말도 하지 않으셨다. 알아서 잘하리라 믿는 만큼 책임감이 강했던 때문이다. 잎 넓은 오동잎 하나씩 머리에 씌우고 집을 나서면 곧 시들기는 해도 햇볕을 가려주어 모자처럼 유용하다.

어머니는 목숨 건사는 저 알아서 해야 한다고 하셨지만, 까마귀가 심하게 우는 날은 그네 타러 가지 말라는 말씀은 꼭 하셨다. 단오가 되면 동네 어른들이 짚을 추렴해 그네를 매어주셨는데 우리가 하도 겁 없이 타서 그러셨을 것이다. 저녁에 까마귀가 울면 불길한 마음이 들기는 했다. 모두가 힘들게 살 때였지만 어른들이 매어준 그네를 타며 놀았고, 어느 해엔 동네 전체가 바다로 나들이를 가기도 했다. 지금은 고속도로가 되어 없어진 어촌마을 바닷가의 해당화는 여름이면 장관이었다.

그 해변에 천막을 치고 큰 솥을 걸었다. 아이들은 바다에 들어가 째복을 줍고, 아저씨들은 바위에 붙은 섭을 땄다. 엄마들은 솥에 옥수수와 감자를 찌고, 섭과 째복을 넣은 해물 수제비를 끓여서 동네 사람들과 나누어 먹었다.

어른들은 해수욕과 모래찜질을 하며 모처럼의 망중한을

즐겼고 아이들은 지치지도 않고 물속을 들락거리며 놀았다. 아버지와 같이 바다에 간 기억은 그때가 처음이자 마지막이었다.

중학교 2학년 여름방학이 시작되던 날은 해양 훈련 명목으로 전교생이 1박 2일 일정으로 바다에 갔다. 우리 반 여학생 16명은 의논하여 취사도구와 식재료를 분담해 가져갔다. 배워놓으면 써먹을 때가 있는 법, 나는 몇 년 사이 부쩍 길어진 집게 발가락으로 노련하게 째복을 잡아 조갯국을 끓이는 데 이바지했다. 남학생 한 조는 민가에 물을 뜨러 가기 귀찮아 바닷물로 밥을 짓는 바람에 굶었다고 하소연했다. 바닷물이 그렇게 짠 줄 처음 알았다고 한다.

선생님들은 해양 사고라도 나지 않을까 염려해 긴장을 놓지 않으셨다. 어디로 튈지 모를 공 같은 중학생 180여 명을 바닷가에 풀어 놓았으니 당연했을 테지만 우리는 세상 만난 듯 신이 났다. 쾌청한 날씨에 파도가 잔잔했고, 보름 무렵이었는지 밤에 달이 밝았다. 오징어잡이 불이 수평선을 수놓았고, 작은 파도가 밀려왔다 밀려가는 풍경은 고즈넉하면서도 쓸쓸했다. 밤바다는 이런 모습이구나. 그런데도 어쩐지 파도 소리와 달빛에 부서지는 파도가 슬프게 느껴졌다. 그때 한 친구가 울기 시작했다. 얼마 전 엄마를 잃은 친구였다. 감수성 여린 열여섯 살의 소녀 모두 훌쩍이며 달밤의 해변을 오래 걸었다.

늦게 잠이 들었다가 추워서 깼다. 낮과 밤의 기온 차이가 이렇게 큰 줄은 예상 밖이었다. 학교에서 쳐준 천막은 햇볕만 가릴 뿐 바다에서 불어오는 새벽바람에는 속수무책이었다. 오들오들 떨다가 어른들이 모래찜질하던 생각이 나 모래 구덩이를 파고 드러누웠다.

따뜻하지는 않아도 춥지는 않았던 모래의 감촉과 바다에서 떠오르던 불덩이 같은 일출이 어제 본 듯 선명하다. 바다는 내게 자연을 가르쳐준 성장기의 교실이자 스승이었다.

그때를 생각하면 숙연해지는 것이 있다. 해당화처럼 붉고, 태양처럼 뜨겁던 젊은 날의 열정이 새벽 모래처럼 식어가는 때에 이르렀음이다. 돌아보면 세상은 살기 좋아졌다지만 좋은 쪽으로만 간 게 아니었고, 바다도 그때 본 것처럼 아름답거나 평화스럽지만도 않다.

밤새도록 천지를 집어삼킬 듯 포효하던 바다가 있었다는 걸 나는 종종 잊고 살았다. 어렸을 땐 그 소리가 무서웠는데 바다도 소리치며 울고 싶을 때가 있다는 걸, 울어도 그냥 운 게 아니라는 걸 어른이 되어서야 알았다. 바다도 비워내고 털어버리고 몸부림칠 상황이 있었다는 것을.

나는 진정 바다처럼 잘 비우며, 잘 채우며 살아왔을까? 비우고 올지, 채우고 올지 모를 우리는 동해에서 놀던 이야기를 하며 서해로 가고 있다. 오늘은 그 바다가 그리울 뿐!

운정(雲井)

 연못은 아직 해동 중이다. 해토머리 무렵 녹다가 우수 지나 찾아온 끝 추위에 다시 얼기를 반복한다. 빙판 위에서 놀던 아이들도 빙질을 확인하고는 아쉬운 듯 돌아선다. 얼음이 풀리면 아이들 대신 구름이 내려와 머무는 진정한 구름 우물이 되리라.
 이사 오기 전 나는 운정(雲井)이라는 이름에 먼저 이끌렸다. 두레박 가득 솜사탕이 담겨 올라올 것처럼 운치 있는 지명이다. 어릴 때 우물 깊은 곳을 들여다보던 풍경이 떠올라 막연한 동경심을 일으키는 것이었다. 나는 구름 우물을 찾아보리라는 기대로 긴 겨울을 보내며 봄이 오기를 기다렸다.
 모든 것이 새것이어서인지 신도시는 오히려 쉬 정이 들지 않았다. 호수와 넓은 공원도 헛헛함을 다독여주지 못했다. 그래도 마을마다 있는 도서관은 위로가 되었다. 미술관 같은 멋진 도서관들을 순례하며 삭막한 겨울을 보내고 봄을 맞자 나는 벼르던 '운정' 탐사에 나선다.

　에코로드를 따라 우물이 있을 만한 지형으로 들어갔다. 얼마 지나지 않아 조선시대 세력가의 무덤 군락지가 나타났다. 조금 더 들어갔다. 이번에는 선사시대 유물인 고인돌이 차례로 나타난다. 갈증이 일었다. 조선시대든 선사시대든 세력가들도 물은 마시며 살았을 터, 그러나 이곳은 물이 필요한 곳이 아니라 물로 돌아간 곳이었다.

　나는 우물의 번지수를 잘못 짚었음을 깨닫고 곧 발길을 돌려 죽은 자들의 영지를 벗어난다. 산책로가 전원마을로 이어졌다. 마을로 내려와 우물이 있을 만한 동네 이곳저곳을 기웃거렸다. 전원마을에도 상수도가 들어와 있어 우물은 어디에도 없었다.

　탐사는 실패로 끝난다. 디지털 시대를 살아가려면 발상의 전환이 필요했던 걸 간과한 것이다. 답은 탐사가 아니라 탐색에 있었다. 나는 현실 세계에서 찾지 못한 운정을 가상 세계를 탐색한 끝에 찾아냈다.

　옛날 파주 땅에 물이 잘 나오는 우물 아홉 개가 있는 「구우물」이라는 고을이 있었다. 어느 날 이 고을을 지나던 유식한 나그네가 목이 말라 물을 얻어 마시며 주인에게 묻는다.

"동네 이름이 무엇이오?"
"구우물이라 하오."
"구름 우물이라! 물맛이 왜 좋은가 했더니 동네 이름이 좋았군요."

　무어라! 그럴듯한 스토리가 담겨있을 줄 알았는데 완전 허무개그 수준이다. 구우물을 구름 우물로 잘못 알아들은 거라니, 그렇다면 나는 원래부터 없는 걸 찾아다닌 꼴이다. 기운을 소진한 채 집으로 돌아와 허탈감에 빠져 소파에 벌러덩 드러누웠다. 한참 동안 널브러져 있다가 일어나 창밖을 내다보았다.

　유레카! 나는 무릎을 치며 벌떡 일어섰다.

　내 방에서 내려다보이는 연못이 높은 아파트에 둘러싸여 깊은 우물처럼 보였다. 물 위에 구름이 드리운 풍경은 영락없이 내가 찾아다닌 운정이었다. 무심히 내려다보던 곳이 의미를 부여하자 모든 것이 새롭게 느껴졌다. 구우물이 구름 우물이 된 것에 비하면 나의 발견은 무릎을 칠 일이었다. 참다운 운정이었다.

　이후 나는 구름이 드리운 연못을 내려다보며 책을 읽거나 음악을 듣는다. 글을 쓴다. 사색하며 커피도 마신다. 드디어 나는 온전히 운정에 스며들고 있다.

　운정의 사계는 아름답다. 벚꽃이 피면 연못에 벚꽃 그림자가 드리운다. 낙화로 뒤덮이면 꽃 우물이 된다. 잎이 돋으면 잎으로 가득차고, 단풍이 들면 단풍 물이 든다. 구름은 그 사이를 비집고 한가롭게 떠 있다.

　곧 개구리와 두꺼비가 울고, 분수도 피어오를 것이다. 얼마 전에 누군가 금붕어를 연못에 방류했다. 또 얼마 후 메기 한 마리가 수염을 늘어뜨린 채 돌아다녔다. 처음에는 금붕어가 메기의 입으로 헤엄쳐 들어갈까 봐 걱정했다. 이제 삼킬 수 없을 만큼 자라서 안심이다. 어항에 있던 금붕어는 대양을 헤엄치는 느낌일 것이다.

　새들도 물을 마시며 재잘거린다. 나도 산책길에 구름우물을 들여다보며 그 옛날 우물에 비치던 어릴 때의 나를 생각한다. 참 멀리도 와있구나. 연못에 비친 내 그림자가 떠돌다가 흘러온 구름 같다. 나는 우물의 사계를 지켜보며 흘러가는 운정 나그네다.

함께한다는 것은

투게더 1

L이 한국에 왔다. 만나면 서로 변한 모습에 놀랄 것이다. 오래 떨어져 살아서인지 학창시절 모습이 먼저 떠오른다. 지금도 그때 기분으로 돌아가는 매직을 우리는 만날 때마다 경험한다. 집 떠난 외로움에 사감 선생님과 선배들이 무서웠고, 규율 또한 엄했기에 친구와의 유대가 서로에게 위로가 되었다. 주말에만 외출이 허용되기에 딱히 나갈 곳도 없으면서 탈출을 꿈꾸었고 그 해방구가 다섯이 뭉친 '투게더'였다.

우리는 교실에서나 기숙사, 외출할 때도 붙어 다니며 '함께'라는 동아리 명제에 충실했다. 여럿이 아니면 감히 엄두를 낼 수 없는 기숙사의 담을 넘기도 했었다. 유유상종인가? 그렇지도 않았다. 동일 학기에 1등과 꼴등이 우리 중에 있었고, 대범한 친구와 소심한 친구가 섞여서 누구라도 고개를 갸웃거릴 조합이었다. 함께 다녔을 뿐인데 친구들은 우리가 몰려다닌다고 생각했을 터다. 그럼에도 도원의 결의라도 맺은 것처럼 호기로웠고, 영원히 함께할 것처럼 의기투합했다. 한 친구가 퇴교할 때까지 '투게더'는 우정탑의 암호명 같은 것이었다. 우리는 꽤 오래 후유증을 겪는다. 돌아보면 미구에 함께하지 못할 시간의 예고편 같은 것이었다.

예감한 대로 졸업 후 우리는 이합집산을 거듭한다. 그래도 마음은 늘 함께였고 L과 자주 편지를 주고받는다. 진로에 대한 고민, 직장에서의 스트레스, 관습의 굴레에 갇힌 답답함을 토로하며 서로를 위로한다. 고뇌로 가장한 청춘의 환희를 우리만의 방법으로 푼 것일지도 모른다.

결혼 적령기가 되자 네 명은 산지사방으로 흩어진다. 나는 진주로, K는 결혼하여 미국으로, A는 경제적인 사정으로 돌이 된 아들을 두고 독일로 간다. 가족과도 함께하지 못하는 현실을 보며 어느새 우리는 이별에 익숙해진다. L도 독일에 간다.

모두 떠나고 한국에는 나 홀로 남았다. 반세기가 지나도록 투게더의 둥지를 지키는 사이 미국 간 K는 소식이 끊겼다. 그의 잠적에 삐친 적이 있지만 지금은 살아있기나 한지 안위가 걱정된다. 돈 벌어 오겠다고 떠났던 A는 새 가정을 이루고 살다가 몇 년 전 이국에서 세상을 떠났다. 그가 떠나기 일 년 전 선물 같은 시간이 찾아온다. 내가 독일에 갔을 때다. 한국에 오면 따로 만난 적은 있지만 셋이 한자리에 모이기는 사십여 년 만이었다. 북독일 해안 휴양지에서 밤새도록 도란거리며 회포를 푼 그 시간이 마지막일 줄 알았다면 정답게, 더 정답게 보낼 걸 그랬다. 모두 떠나고 L과 나, 이제 둘만 남았다.

투게더 2

친구를 만나러 부산으로 간다. 그의 딸 안드레아 부부가 한국 가족과 친지들을 만나는 행사에 참석하기 위해서다. 동거하던 그들은 최근 결혼을 선언하고 두 사람의 연고가 있는 다섯 나라를 돌며 친지들 앞에서 예식을 치른다. 그들이 보낸 초대장이다.

우리는 우리의 사랑과 삶을 축하합니다
이 행사에 귀하를 초대합니다. 비공식적이고도 쾌활하며, 훌륭한 음식과 음료가 제공됩니다. 원하신다면 여러 장소에서 축하할 수도 있습니다. 다만 여행 및 숙박은 본인이 준비해야 하는 점 양해 바랍니다. 우리는 당신을 만나면 매우 기쁠 것입니다.
안드레아, 스테파노

서양 문화권에서 반세기를 살아온 내 친구는 딸의 결정을 존중한다고 했다. 머나먼 자신의 고국, 안드레아의 외가가 있는 부산을 찾아 예를 갖추겠다는 사위가 고맙다고도 했다. 마누라 예쁘면 처가 말뚝에도 절한다는 K 속담이 세계화된 덕분에 나는 '훌륭한 음식과 음료'를 대접 받으며, '여러 장소에서 축하'하고 싶어 스위스에서 온 이사벨과 홍콩에서 온 막스와도 친분을 튼다. '당신을 만나면 매우 기쁠 것'이라는 안드레아 부부의 환대 속에 특별한 시간을 보내게 된다.

전야 만찬은 마음이 먼저 취할 만큼 화기애애하고 훌륭했다. 숙소가 있는 동래에서 서면까지 전철을 타는 행위도 여행의 일부라고 여기는 그들과 함께하며 오랜만에 낭만과 여유를 즐긴다. 이사벨에게 스위스에 갔을 때 자연 풍광이 아름답더라는 말을 건네자 대뜸 핸드폰을 열어 현빈과 손예진의 사진을 보여준다. 「사랑의 불시착」 스위스 촬영지에서 가까운 곳에 살고 있다며 드라마에 애정을 드러냈다. 변호사인 이사벨이 한국 드라마에 관심을 보이다니! 놀라워하자 남산과 고궁에서 찍은 벚꽃 사진까지 보여주며 '코리아 판타스틱!' 하며 엄지척한다. 한류의 힘이 그들을 이곳으로 이끌었다는 생각이 들었다.

다음 날, 경주 최부잣집이 운영하는 「요석궁」에서 두 달 전 취리히에 이은 두 번째 잔치가 열렸다. 7월에는 별장이 있는 스페인의 이비자, 9월에는 스테파노의 모국인 이탈리아의 베니스, 11월에는 안드레아가 태어나고 자란 독일 쾰른에서 마지막 잔치를 치르게 된다.

'벽 없는 박물관'이라 불리는 경주에 나도 오랜만에 와본다, 서양의 천년 고도가 로마라면 동양의 천년 고도(古都)가 이곳이다. 도시 한가운데 왕릉이 솟아있고, 남산에는 불국토의 성지답게 돌부처님들의 처소가 곳곳에 있다. 수학여행, 가족여행, 역사 탐방으로 몇 번 와본 적은 있지만, 최부잣집 동네에 온 것은 이번이 처음이다. 세계문화유산으로 지정된 역사 유적지와 한옥마을, 월성교가 인접해 있는 데다 봄철 주말이어서인지 행락객이 붐빈다. 오늘은 서양인의 잔치까지 열려 스위스, 홍콩, 서울, 부산, 양양에서도 왔으니 더 붐비는 것인 게다. 마을 앞 광장에서는 탈춤, 고전무용, 장구 꽹과리 공연이 벌어져 잔치 분위기를 한껏 북돋운다. 신라 진골의 잔칫날 같다.

요석궁은 기이하게 생긴 소나무와 석물이 늘어있는 고품격 요릿집이다. 정원에 봄꽃이 만발하고 연못도 아름다워 낙원을 연상케 한다. 고전 음악이 흐르고 옛 의상을 입은 여인들이 시중을 든다. 잔칫상에는 무열왕과 요석 공주도 먹어보지 못했을 산해진미가 화수분처럼 나왔다. 맛있게 드시고, 즐거움이 가득한 시간 되시라는 안드레아의 인사말대로 잔치를 즐기며 그늘을 축복했다.

투게더 3

요석궁은 676년 삼국통일의 위업을 이룬 태종무열왕의 딸 요석 공주가 살던 집 택호다. 노블레스 오블리주를 실천하는 가훈으로 유명한 최부잣집이 삼백여 년 전 신라 진골들이 살던 동네에 터를 잡아 살아왔고, 오늘날 후손이 고택 안에서 요식업을 하고 있다.

어딘가에서 공주가 걸어 나올 듯한 한옥마을 분위기와 요석궁이라는 한식당 이미지가 맞아서인지 내 상상은 엉뚱한 데로 튄다. 최부잣집 본채와 마을의 이곳저곳을 둘러보다가 문득 7세기 후반 서라벌에서 일어났던 스캔들의 주인공이 떠올랐다. 일천삼백 년을 앞서간 사랑의 레전드, 원효 스님과 요석 공주가 함께한 이야기다.

'누가 자루 없는 도끼를 내게 빌려주겠는가? 내가 하늘을 떠받칠 기둥을 깎으리라.'

일연이 쓴 『삼국유사』에는 원효가 길거리에서 이 노래를 부르는 것을 태종이 들었다는 기록이 있다. 신라 향가 14수를 비롯해 불교사를 중심으로 고대 민간 설화, 전래 설화, 문화, 전통, 단군 신화들을 채집해 스님이 엮은 책이다. 이런 기록이 없었다면 원효와 요석의 스캔들이 후세의 입방아에 오를 일도 없었을 것이다.

우리 세대는 길거리에서 이상한 노래를 부르고 다니면 주정뱅이나 불량배로 여겨 피해 다녔다. 「처용가」에서처럼 역신을 가장한 신라 사내들의 호방함이 원효에게 느껴진다. 자신의 마음을 길거리에서 노래한 괴이쩍은 스님에게서 K팝의 원류가 느껴진다.

원효가 누구인가. 의상대사와 당나라로 유학을 가던 중 무덤가에서 자다가 목이 말라 잠결에 달게 마신 물이 다음 날 보니 해골바가지에 담긴 물이었다지 않은가. 이를 알고 일체유심조의 진리를 깨닫고 되돌아왔다는 신라 고승이다. 마음이 일어나므로 현상이 일어나고, 마음이 멸하니 땅과 무덤이 둘이 아니라는 뜻이다. 해골바가지에 담긴 물을 마실 기회가 없는 현대인에겐 원효의 방식으로 일체유심조를 깨달을 수는 없을 터, 꼭 겪어 보아야 알 일도 아니다.

무열왕은 원효가 부르고 다녔던 19금 노래를 듣고 스님이 귀부인을 얻어 아들을 낳고 싶어 하는구나. 현인이 있으면 나라에도 좋은 일이라 여겨 요석과 원효를 맺어주려고 공작을 꾸민다. 남편 김흠운이 백제 전투에서 전사해 공주는 요석궁에서 쓸쓸한 나날을 보내고 있을 때였다. 친정 아비는 궁리에게 원효를 찾으라고 명했고, 공주도 원효 스님의 명성을 아는 터라 그렇게 되기를 바랐을지도 모른다.

일체유심조를 체득한 원효가 아닌가. 궁리를 보자 시나리오를 안다는 듯 문천에 빠진다. 궁리는 옷을 말리자며 스님을 가까운 요석궁으로 이끈다. 여기까지는 진부하고 작위적인 스토리이다. 결말은 공주가 스님의 속가 성 씨인 아들을 낳았다는 점이다. 이누를 만든 대학자로 신라 10현(賢) 중 한 분인 문장가 설총이다. 공주와 스님이 함께해 '하늘을 떠받칠 기둥'을 다듬었음을 증명한 해피엔딩이다.

사가들은 무열왕 집권기를 헤아려 이때 원효의 나이를 37세에서 43세로 추정한다. 거리에서 노래를 부르고 다녔다거나 무열왕이 보낸 관리와 만나자 일부러 물에 빠졌다는 기록으로 보아 원효는 불심이나 여심을 잡는 데에 매우 적극적이고 저돌적인 성격이었나 보다. MBTI로 뜨거운 가슴을 지닌 이상주의자 ENFP가 아닐까. 동시대를 살았던 의상대사와 전혀 다른 성향이다.

투게더 4

드레스를 입은 안드레아! 그리스 여신처럼 우아하다. 오늘 더 아름답다. 내 친구가 안드레아의 엄마인 게 신기하게 느껴진다. 스테파노! 외모, 능력, 성품 모두 출중해 보인다. 한독 커플의 가족을 볼 때마다 영화배우 같았는데 정장한 스테파노는 완전 배우 같다.

동서양 4대 오십여 명이 모인 자리는 언어 불문하고 화기애애하다. L의 외삼촌이 이국 사위에게 축하주를 따라주며 한국식 주도를 가르쳐 줄 때 웃음이 터져 나왔다. 사위도 자리에서 일어나 배운 대로 어른께도 술을 따르고 자리에 앉는다. 키가 큰 서양인이 한식 상 앞에 앉는 건 도전일 것이다. 상 밑으로 다리를 쭈욱 펴라고 조언해도 매너가 아니라고 생각하는지 머뭇거린다. 양반다리? 힘들 거다. 한국에는 신랑을 매달아 놓고 발바닥을 때리는 풍습이 있다. 앉느라 고생하니 매달지 않는 거라고 신랑에게 조크하며 위로해 주고 싶은데 영어가 짧아 용기를 내지 못했다. 스테파노도 "사랑하는 안드레아 가족과 친구들을 만나니 매우 기쁘다. 와주셔서 정말 감사하다."라고 용감하게 한국어로 인사하는데 나도 해볼 걸 그랬다.

　내 친구도 자식의 앞날을 축하하고, 내빈께 감사 인사를 했다. 나는 아직도 반세기 전에 받은 L의 편지를 보관하고 있다. 안드레아도 문장력 좋은 제 엄마를 닮아 스피치가 마음을 울렸다. 감동적이어서 옮긴다.

　　스테파노와 제게 중요한 의미가 있는 오늘, 귀한 시간 내어 참석해 주셔서 감사하다. 한국어는 아직도 큰 도전이지만 해보겠다. 서툴더라도 양해 부탁드린다. 저는 독일 쾰른에서 한국인 엄마와 독일인 아빠 사이에 태어난 남매 중 둘째다. 반은 한국인, 반은 독일인이다. 어렸을 때 100프로 독일인이라는 생각으로 자랐다. 큰 코를 가진 사람들에게 너는 우리와 다르다는 말을 가끔 들었다. 차이를 느끼지 못했기에 별로 신경 쓰지 않았다.

　내 어머니는 한국에서 멀리 떠나와 살면서 늘 열심히 일하셨다. 많은 걸 포기하면서 우리를 한국식으로 기르셨다. 배려심과 자립심, 강한 정신력을 길러주셨고, 최고의 학교에 갈 수 있도록 키워주셨다. 엄마는 그리 생각하지 않을지 모르지만 엄격하셨다.

　엄마가 만드는 한국 음식을 좋아한다. 아빠랑 오빠는 빵과 치즈를, 엄마와 저는 밥과 김치를 자주 먹었다. 그래서인지 독일식 라이프 스타일과 한국적인 가치관을 지니게 된 듯하다.

　고등학교 졸업 후 독일 최고의 대학 건축학과에 입학했

다. 대학에 다닐 때 한국에 대한 호기심으로 교환학생 프로그램에 참여했다. 4개월 동안 한국어, 역사, 지리, 택견, 다도, 노래방 등 많은 것들을 배우고 경험했다. 좋아하는 한국 음식도 많이 먹었다. 행복했다.

그때 외할머니를 처음 만났다. 말은 통하지 않아도 마음으로, 눈빛으로, 몸짓으로 많은 이야기를 나누었다. 할머니는 한국어로 저는 독일어로 말하며 같이 웃고 울었다. 그러면서 할머니의 얼굴, 행동, 유머, 현명함, 친절에서 엄마의 모습을 찾을 수 있었다. 우리가 이렇게 깊이 연결되어 있다는 게 신비롭고 감동적이었다. 삼촌, 숙모, 사촌들, 정말 많은 친척을 만났고 모두 따뜻하고 친절하게 대해 주었다.

뜻깊은 시간이었다. 한국인의 정체성이랄까. 예전에 놓치고 있던 저의 한 부분을 채울 수 있었고 자신감을 얻어 독일로 돌아갈 수 있었다. 저는 어느 한쪽으로 완전하지 않지만, 제 영혼이 두 나라를 모두 가지고 있는 걸 영광으로 여긴다.

2003년 한국과 완전히 사랑에 빠졌다. 기회 될 때마다 한국에 온다. 요가를 가르치고, 템플스테이를 하고, 어학원에서 한국어도 배운다. 마음속에 늘 한국에 대한 그리움이 있다. 나이가 들수록 더 강해짐을 느낀다. 이 행사 후, 새로운 직업인 한의학 인턴십이 예정되어 참가한다.

스테파노는 14년 전 스위스에서 만났다. 현재 취리히에서 건축사업을 하고 있다. 그의 부모님은 이탈리아 베르가모와 베니스 태생이다. 남편은 이탈리아에서 태어나 스위스에서 자랐다. 그래서인지 이탈리아의 열정과 매력, 스위스의 근면과 올바름을 지닌 듯하다. 관대하고 배려심 깊은 남편이다. 우리집 주방에서는 세계 최고인 한국 음식과 이탈리아 음식을 모두 맛볼 수 있다. 우리는 모든 것에 만족하고, 행복한 한 팀으로 살고 있다.

한국 가족들과 함께하는 오늘, 어쩌면 이런 결혼식이 이상해 보일지 몰라도 전 세계에 있는 우리가 사랑하는 분들의 축하를 받으며 기쁨을 나누고 싶었다. 맛있게 드시고 이 시간을 즐기시길 바란다. 고맙습니다.

친구가 자식 농사를 잘 지었다. 실수하더라도 양해해 달라더니 원고를 또박또박 잘 읽었다. 스테파노도 아내가 자랑스러운지 잘했다고 등을 토닥인다. 외할머니와 처음 만나는 광경도 영화처럼 그려진다.

"우째 요래, 이쁘나! 이름이 뭐라켔노? 안드레아라꼬?"

외동딸의 외동딸을 처음 만나며 흥분하셨을 친구 어머니가 떠오른다. 안드레아가 할머니의 모습에서 제 엄마의 모습을 찾았다고 했듯이, 나는 안드레아의 모습에서 내 친구의 얼굴, 행동, 유머, 열정, 현명함을 본다. 그의 내면에 있는 정서를 알게 되자 내 딸처럼 가깝게 느껴졌다. 이제껏 친구의 2세, 3세들을 보며 내 친구가 서양에 스며들었다고 생각했는데 아니었다. '함께한' 것이다.

농(籠)

 우르르 쾅, 우르릉 쾅쾅…. 지축을 흔드는 뇌성벽력이다. 기상 쇼가 펼쳐지는 창밖을 내다보며 어머니와 어머니의 농을 생각한다. 어렸을 땐 천둥 번개가 치면 세상의 종말이 올 것처럼 무서웠다. 어머니는 옥황상제의 딸이 시집가는 날이라고, 장롱이 너무 커서 굴려서 가는 거라고 안심시켰다. 왜 상제는 비 오는데 농을 보내느냐. 다 젖고, 다 부서지겠다고 종알댔던 생각이 난다.

 천상천하 시집가는 여인들의 필수품이라 할 장롱은 옷을 넣어두는 가구다. 긴 옷을 세로로 걸어 보관하는 장(欌)과 개켜서 가로로 보관하는 농(籠)이 합쳐진 게 장롱이다. 지붕이 낮은 한옥은 대부분 농을 사용했다. 어머니의 이층 농을 생각하면 마음이 아리다.

 얼마 전 동생과 중앙국립박물관에 갔을 때, 기증자의 이름을 딴 고가구 전시장을 돌아보며 이층장 앞에 오래 머물렸다. 격조 있는 장식과 무늬목의 독특한 형태에 이끌려서 한동안 바라보았다.

부모님은 영서(嶺西)의 집성촌에서 자식들 교육을 위해 외가가 있는 영동(嶺東)으로 이주했다. 열 살 무렵 처음 아버지 고향에 가보았다. 윗대가 사셨던 집에 옛 가구와 나무 그릇들이 많았던 게 생각난다. 시간이 지나며 다루기 편리한 그릇이 나오는 바람에 옛날 물건들은 모두 사라졌다.

어머니가 최종 지닌 것이 이층 농이었다. 아버지 옷은 위 칸에, 당신 옷은 아래 칸에 들어있었다. 외할아버지가 돌아가셨을 때 어머니는 아래 칸에서 소복을 꺼냈다. 위 칸에 있던 아버지 옷이 버려지던 시간도 있었다. 자식들이 차례로 집을 떠난다. 홀로 집을 지키던 엄마의 시간도 살같이 지나간다. 어느 날 어머니는 농에서 수의 보따리를 꺼내셨다. 이건 이렇게, 저건 저렇게 입히라 이르셨다. 어머니도 혼자 계시기 힘들어 고향집을 떠나 자식들이 있는 서울로 오신다.

집이 비자 그때부터 털리기가 시작되었다. 있을지도 모를 노인의 비자금을 찾으려고 혈안이 된 사들이 곳곳에 흔적을 남겼다. 장판이 들려지고 장롱이 파헤쳐진다. 어머니는 귀중품이나 현금을 몸에 지니고 다녔다. 가슴팍이 늘 불룩했다. 두둑할수록, 무거울수록 힘이 난다고 했다. 그 불편을 감수하며 '가진 자'의 패러독스를 가슴에 안고 살았다.

고향집에 갈 때마다 고통스러웠다. 가마솥이 사라지고 고추장은 단지 채 들고 갔다. 마당에 있던 빨랫줄까지 떼어갔다. 옷가지를 흩어놓고 농짝을 들고 갔을 땐 무섭기까지 했다.

내가 일찍이 애착하던 농이었다. 얼마나 단단하게 만들었는지 경첩까지 멀쩡했다. 안목이 별로 없는 어머니가 아낀다고 니스를 칠해 번들거리는 것만 빼고 완벽했다. 나무도 나이를 그저 먹은 게 아니라 나이테로 예술을 하며 자란 것이다. 나뭇결이 얼마나 아름다운지 어릴 때부터 무늬를 경이롭게 바라보고는 했다. 그랬으면서 농의 내력에 대해 여쭙지 못한 아쉬움이 있다. 홀 외조부께서 막내딸 혼수로 그리 멋진 농을 해주셨을 것 같지 않다. 대마 농사가 가업이던 할아버지의 자금력이라면 모를까. 어쩌면 일찍 돌아가신 할머니의 유품일 수도 있다.

내게 두 번째 실망이다. 2002년 오래된 벽시계를 부모님의 시간으로 환치해 쓴 「시계 소리」로 문학상을 받았다. 당선 소식을 어머니께 전하며 '잘 간직하겠으니 시계를 제게 주십사' 하자 흔쾌히 허락하셨다. 나는 그 사실을 당선 소감으로도 썼다. 그런 얼마 후 어머니가 '네 올케가 못 주게 하니 어쩌면 좋으냐!' 하시며 무척 난처해하셨다. 옛날 같으면 "내 것 내가 주려는데 왜?"라고 하셨을 어머니였다. 어느새 당신 것도 당신 마음대로 할 힘이 없어진 것이다. 나는 못 줘서 속이 상한 어머니를 위로했다. 누렇게 색이 변해 볼품없는 시계는 그 시계와 함께한 우리에게만 의미 있고 소중한 줄 알았다. 집안의 평화를 위해 나도 어머니처럼 함구했다. 시계는 지금도 내 마음속에서 아버지의 시간을 추억하게 한다.

나는 농에서는 꼬리를 내보이지 않기로 한다. 농에 애정을 가진 자매도 없거니와 내가 의중을 드러내지 않으면 올케는 그런 데 관심도 없고, 거들떠볼 사람도 아니다.

이제 헛된 기대 따위는 하지 않는다. 사탕 한 알도 내 입에 넣었다고 안심하지 못한다는 걸 안다. 고향집 물건들이 털리다가 산불로 전소되었을 때 더 그랬다.

도둑이 가져가서 농은 어딘가에 있을 것이다. 고가구에 관심을 가진 누군가 아끼며 사용하고 있을 것이기에. 다시 보리라는 기대는 하지 않는다. 그래도 미련까지는 거두지 못했나 보다. 동생과 고가구점이 있는 인사동과 황학동에 가보고 싶다.

함부르크 산타

 선배 부부를 만나게 될 때까지 함부르크는 나와 상관없는 도시였다. 음악을 즐겨듣다 보니 내가 좋아하는 멘델스존과 브람스가 태어난 곳, 북독일 라디오 심포니가 있는 항구도시 정도가 내가 알고 있는 함부르크였다.

 뉴욕 사람을 뉴요커라 하듯이 함부르크 사람은 영어식으로 '햄버~르거'라고들 한다. 한때 우리나라 경양식의 대표 메뉴였던 함박스테이크의 원산지가 함부르크로 알려져 있다. 이것이 미국에 전파되며 빵 사이에 고기와 채소를 끼워 넣은 간편식의 대명사, 햄버거가 되었다는 설이다. 숲을 뜻하는 '함'과 성곽도시 끝에 붙는 '부르크'가 합쳐진 함부르크는 햄버거와 상관 없는 셈이다. 나는 함부르크에서 온 그들을 만날 때까지 햄버거는 열 개도 먹어보지 않은 토종 식성을 가진 인간이다. 그날 일어난 일종의 사건으로 인해 함부르크와 상관있는 사람이 되었고, 그곳에 가서 본토 햄버거를 맛보기까지 한다.

선배의 전화를 받은 건 동창 모임이 있는 날이었고, 나는 집에서 막 나가려던 참이었다.

독일에서 온 L이라고 했다. 나는 선배를 아는데 선배는 내가 잘 기억나지 않는다고 했다. 후배들을 잘 모르기는 나도 마찬가지였다. N이 한국에 왔을 때 같이 경주 여행한 이야기를 듣고 내 연락처를 물어 전화하게 되었다고 한다.

나는 나가려던 참이라 엉겁결에 우리 친구들 만나는 날인데 나오겠느냐고 물었고, 선배는 망설임 없이 동조했다. 우리는 기숙사에서 한솥밥을 먹은 연대감을 지진 1년 선후배 사이였다. 친구들과 의논도 하지 않고(의논할 시간적 여유도 없긴 했다.) 손님을 대동하고 갈 일이 부담스럽기는 했지만 만나면 서로 반가워할 것 같았다. 독일 사는 내 친구들도 한국에 오면 남편을 대동하지 않고 나오기에 선배 혼자 오는 줄 알고 약속 장소로 갔다.

수십 년 만에 보는 선배는 여전히 고왔다. 고운 선배 옆에 장신의 서양인이 가이드처럼 서 있었다. 롤란드라고 했다. 오랜만에 서양말 인사를 했다.

Roland! How are you? Nice to meet you!

나는 웃어도 웃는 게 아니었고 반갑다고 했어도 진심이 반쯤이었다. 두 분을 인솔하고 모임 장소로 가는 동안 머릿속이 혼란스러웠다. 음식점 문을 열고 들어가니 사람들 시선이 우리에게 쏠리는 듯 느껴졌다. 롤란드의 키는 주변의 시선을 끌 만큼 컸다. 독일에서 가장 크다는 함부르크 남성 평균 키 185.6cm보다 한 뼘은 더 커 보였다. 여담으로 세계에서 가장 키가 큰 나라는 네덜란드와 덴마크이다. 우리나라 19세 남성의 평균 키는 174.4cm로 독일 여타 도시와 비슷하다는 통계가 있다.

키가 커서 끄는 이목 따위는 나에게 그리 중요하지 않았다. 문제는 안내인을 따라 방에 들어갔을 때 친구들이 보인 반응이다. 선배와 같이 간다는 말을 총무에게 했는데도 친구들이 놀라는 걸 보면 나처럼 말할 시간이 없었나 보았다. 선배만 와도 놀랄 일인데 키가 큰 서양 남자까지 왔으니 놀라는 건 당연하다.

나는 모시고 온 손님을 침착하게 친구들에게 소개한 후 자리로 인도했다. 그런데 방 가운데 놓인 한정식집 짧은 상다리 앞에서 다시 난감해진다. 접을 수도, 구길 수도, 뻗을 수도 없는 서양인의 롱 다리를 좌식 상 앞에 앉히는 건 사실상 불가능했다. 나는 얼른 안내실로 나가 상황을 설명하고 의자를 달라고 했다.

어머나! 의자가 없단다. 한식집이어서 없다고 했다. 나는 주위를 두리번거린 끝에 구석에서 앉을 만한 것을 찾아냈다. 그날 롤란드는 맥주 상자 위에 방석 두 개를 포개 얹은 특설 의자에 앉는다. 앉아있어도 서 있는 나와 비슷한 높이가 되었다. 늦게 도착한 친구들이 들어올 때마다 난쟁이 나라에 온 거인을 보듯 놀라는 모습이 가관이었다. 선배 부부가 있는 쪽을 힐끔힐끔 쳐다보며 먼 자리 쪽으로 가서 앉는 것이었다.

　어색한 시간은 잠시였다. 독일어를 하는 친구들이 대화를 이끌며 분위기가 반전된다. 선배와도 사는 이야기를 나누었다. 학창 시절 에피소드도 소환되었다. 그러면서 화기애애해진다. 후식을 먹고 있을 때 식비를 계산하러 갔던 총무가 돌아오며 분위기는 완전히 뜨거워진다. 만만찮은 식대였는데 선배가 먼저 계산하고 작은 선물까지 준비해 와 감동을 주었다. 후배들에게 점심을 사주려고 남편과 함께 온 것이었다. 멋지고 좋은 선배다.

　그날 우리는 남산타워에 올라가 두 분에게 서울 구경을 시켜드린다. 날씨가 청명해 사방 백 리가 눈앞에 펼쳐있었다. 팔각정 계단에 앉아 광장에서 펼쳐지는 공연을 보기도 하고 남산을 산책하며 화기애애한 시간을 보낸다. 저녁 식사는 당연히 의자가 있는 음식점으로 모셨다.

　선배는 이제껏 한국에 나와 가장 재미있게 보낸 하루였다고 한다. 이후 독일과 한국에서 두 분을 만나며 돈독한 사이가 되었으니 내게도 특별한 날인 셈이다.

　크리스마스가 되면 나는 함부르크 산타가 보내는 선물을 받는다. 책을 낸 해에는 표지와 똑같은 분홍색 가방과 브뤠첸(빵), 치즈, 커피, 사탕, 초콜릿까지 꽉꽉 채워 보내주었다. 그만 보내라고 해도 보내는 즐거움이 있다며 말리지 말라신다. 필시 산타의 마음을 지닌 분들이다. 롤란드 씨가 산타

복장을 하면 잘 어울릴 것 같다. 우리는 동화책에 있는 그림 산타를 보고 자란 세대다. 노년에 현실 산타의 선물을 받다니 감동이다.

  Thank you 산타!

북으로 가는 길(nor way)

　동체가 지상에 안착한 순간 일시에 박수가 터져 나왔다. 공중에서 난기류를 만나 종이비행기처럼 팔랑거렸던 것에 비하면 모스크바 공항에서의 착지는 너무도 사뿐해 물개박수가 절로 나왔다. 안도감도 잠깐, 국내선 청사로 이동해 페테르부르크행으로 환승하고 보니 이번에는 비행기가 낡아 창틈으로 냉기가 들어왔다. 유라시아 상공에서 겪었던 공포가 되살아나 도착할 때까지 마음이 조마조마했다. 전후 보릿고개를 겪은 우리 세대도 어느새 번듯한 것에 길들어 있었다.
　수많은 인물이 명멸해 온 러시아 제2의 도시 페테르부르크에서 사십 년 지기 여덟 명의 북유럽 여행을 시작한다. 러시아는 쓸모없는 땅이라 여겼던 알래스카를 미국에 팔아먹고도 세계에서 영토가 가장 넓은 나라다. 그러고도 그들의 선대는 태평양 진출을 위해 동쪽으로 블라디보스토크,

유럽 진출을 위해 서쪽에는 페테르부르크를 건설했다.

표트르 대제가 늪 위에 세운 이 도시는 역사의 분기점마다 페트로그라드에서 레닌그라드, 연방 해체 후에는 상트페테르부르크로 도시명이 바뀌어왔다. 노동자의 뼈 위에 세워진 도시라는 오명을 안고도 문학, 영화, 음악, 미술, 역사에서 보아왔던 기념비적인 건축물들이 즐비한 네바강 주변의 밤은 참으로 멋지고 아름다웠다.

발레의 성지에서 「백조의 호수」를 안 보면 평생 후회할 거라는 현지 가이드의 말에 일행은 피곤을 무릅쓰고 극장으로 간다. 시차를 헤아린다 해도 집을 떠난 지 하루가 지나도록 우리는 길 위에 있었다. 의지와 상관없이 눈이 감겼고, 무희들이 하얀 점으로 눈앞을 오락가락했다. 일행 중 한 명은 피곤한 나머지 반은 졸며 보았다고 한다.

페테르부르크는 영화 「백야」를 본 후 와보고 싶어 했던 도시다. 발레를 보기로 한 것도 그 때문인지 모르겠다. 정작 러시아가 안보를 이유로 허락하지 않아 촬영은 환경이 비슷한 핀란드에서 했다고 한다. 사람이나 나라도 이웃을 잘 만나야 편하다. 핀란드도 우리처럼 센 나라와 국경을 맞대고 있어 스웨덴과 러시아의 침략을 받았던 역사가 있다.

이틀 동안 유서 깊은 정교회 성당, 박물관, 미술관, 여름 궁전과 겨울 궁전 등을 관광하고 시벨리우스의 교향시를 들으며 휘바휘바 헬싱키로 향했다. 호수와 숲의 나라, 백야, 자작나무, 사우나, 오로라, 산타 마을, 뭘 해도 끝내줄 것 같은 Finnish(핀란드인)…. 핀란드 하면 떠오르는 이미지들이다. 자연채광이 신비로웠던 암석 교회와 시벨리우스 공원, 눈부신 백색 외관의 대성당을 하루 만에 휘적휘적 둘러보고 발트해를 따라가는 크루즈에 올랐다.

북방의 베네치아라 불리는 스톡홀름에서는 비가 내렸다. 우산을 쓴 탓에 물의 도시는 음울하고 무거운 공기가 내리누르는 듯했다. 하여 감라스틴 거리의 중세풍 건물은 제대로 보지 못하고, 전돌(조약돌) 깔린 길은 실컷 내려다봤다. 나름 예쁘다고 소문난 길이지만 무거워진 신발 때문인지 피곤하고 짜증이 밀려왔다. 노벨상 시상식이 열리는 시청사와 바사 배 박물관은 실내 관람이어서 다소 위안을 받았으나 스톡홀름 여행은 비 때문에 망했다.

다음 날 헬싱보리에서 페리를 타고 20여 분 후 헬싱게르에 닿았다. 외레순 해협을 사이에 두고 스웨덴과 덴마크가 마주 보고 있다. 이 해협을 지나는 배에 통행세를 물리던 시대도 있었다니 지리적 요충지였을 터, 웅장한 햄릿 성(城)이 이곳에 있는 이유이기도 할 것이다. 바다 건너편에서 불어오는 바람으로 고성은 더욱 음울해 보였다.

덴마크는 가장 높은 산이 해발 170m인 평탄한 지형이다. 사는 데 절실함이 없는 평지에서는 한가로이 햄릿형 고민을 하고, 건너편 산악형 지형에서는 살기 위해 해적(바이킹)이 된다. 코펜하겐의 상징이라는 뉘하운은 운하 양편에 늘어있는 아름다운 중세풍 건물들로 안데르센의 고향다운 동화적 환상을 불러일으킨다. 썰렁한 인어공주 상을 보느니 운하에 비친 풍경을 감상하며 여수에 잠겨보는 게 나을 것 같다. 뜬금없이 아말리엔보르궁전 입장료와 덕수궁 입장료를 비교하다가 심정을 상하고 만다. 유럽에서 화장실 한 번 가는 금액인 우리나라 고궁 입장료를 외국인에겐 올려 받으라고 신문고에 올리고 싶다.

덴마크에서 노르웨이 국경을 넘었다. 오슬로에서의 날씨는 우호적이었다. 명징한 하늘과 살랑거리는 바람을 맞으며 비겔란의 조각과 뭉크의 「절규」하는 영혼을 만난다. 캔버스 귀퉁이에 '미치지 않으면 그릴 수 없는 그림'이라는 뭉크의 글씨가 사인처럼 있다니 면도날 같은 감성의 소유자이다. 바이킹 선박 박물관, 오슬로 시청, 시내 관광을 한 후 릴리함메르, 요정의 길, 몇 개의 피오르드를 따라 북으로 북으로 간다. 버스로 이동하고, 유람선으로 이동하고, 페리로 이동하고, 위르달과 플름 사이의 절경은 산악열차를 타고 가며 보았다. 이동하지 않으면 여행이 아니므로 이동하다가 빙하를 만나고, 비를 만나고, 지난겨울에 내린 눈을 만나고, 요정을 만나고, 폭포를 만나고, 폭포에 걸려있는 무지개를 열 번도 더 만났다.

여행 8일째(2007년 9월 22일)

오따 숙박. 요정의 길(4시간 소요). 게이랑헤르 도착 후 헬레쉴트 행 유람선(약 1시간). 요스테달 평원의 뵈야 빙하 관광 후 피얄란드 빙하박물관. 송네 피오르드 구간 만할허에서 포드네스 구간 페리 탑승(20분 소요). 구드방겐 이동 후 송네 피오르드 옆 호텔 투숙.

가이드에게 들어서, 또 그동안 보아서 피오르드는 뭔지 알겠다. 빙하의 침식작용으로 생긴 U자 모양의 골짜기(협만)란다. 그런데 피오르드처럼 구불구불한 노르웨이 지명들은 여행이 끝나도록 입에 붙지 않았다. 더욱 입에 붙지 않는 것이 현지식이라는 연어구이와 당근 볶음이었다. 퍽퍽해서 먹느라 목이 메어 죽는 줄 알았다. 어디에서 어떻게 먹느냐에 따라 다르긴 하다. 야일로로 가던 중 빙하가 보이는 평원에서 먹은 연어회와 와인은 환상적이었다.

다음 날 오슬로에서 모스크바로 돌아와 유서 깊은 도시 곳곳을 관광한다. 성 바실리 사원은 붉은 광장, 레닌 묘. 크렘린 같은 냉전 시대의 으스스한 잔재들 속에 핀 꽃송이 같다. 아름다운 외양이 대로를 오갈 때마다 눈길을 사로잡았다. 소련연방이 해체된 지 얼마 안 된 때였다. 영원히 평화스러울 것 같은 세상이 다시 전쟁에 휩싸인 걸 보면 세상에 영원한 것이 없음을 절감한다. 젊음과 건강 또한 그렇다.

여행은 돈이 있어도 시간이 없으면 못 간다. 시간과 돈이 있어도 마음이 열려야 하고, 건강이 허락해야 한다. 언젠가는 다리 떨릴 때가 온다는 말, 가슴 떨릴 때 여행하고. 건강이 허락할 때 여행하라는 말이 절실하게 다가온다. 이제 여행 회원 중 세상을 떠난 이도 있고, 우리 기억도 나날이 흐릿해져 간다. 가장 좋았던 곳으로 노르웨이를 꼽으면서도 동(東)으로 갔는지 서(西)로 갔는지 뭘 봤는지도 모르겠다고 웃는다.

가끔 남편과 스톡홀름으로 가는 크루즈 선상에서 보낸 짧고도 강렬했던 순간을 회상한다. 갑판 위에서 바라보던 헬싱키만의 오밀조밀한 군도와 붉게 물들던 저녁노을 속에 있던 그때를 그리며 우리에게 온 노을과 마주한다. 부디 시원으로 돌아가는 길이 평화롭기를.

'소풍 끝내는 날, 아름다웠노라' 말할 수 있기를.

행복한 숙질

인간의 기억은 생후 40개월쯤부터 형성된다고 한다. 어렴풋한 기억이 떠오른다. 3년 터울로 태어난 동생에게 젖을 물리던 엄마를 졸라 얻어먹었던 비릿한 젖맛, 굉음을 내며 군용기 편대가 하늘을 날았고, 마을 입구에 있던 어둑한 초소에서 처녀 둘이 머리를 땋았다. 공비 잔당들이 출몰하던 때여서 낮에는 여자들이, 밤에는 남자들이 불침번을 섰다고 한다.

숙모가 시집오던 날 기억은 선명하다. 차일을 친 마당에 멍석이 깔리고, 외양간에 과방이 차려졌다. 70여 년 전에는 경조사 때 외양간을 음식 차려내는 과방으로 사용하기도 했다. 나는 마당 가운데 있는 감나무 갈래 사이에 앉아 신부가 탄 가마가 마당으로 들어오는 걸 보았다. 할아버지가 계실 때였다. 숙모는 50년대의 전형적인 대가족 속으로 들어와 7년 동안 우리와 함께 사셨다.

고등학생일 때 결혼한 숙부는 학교를 졸업한 얼마 후 군에 입대하신다. 전쟁에 대한 공포가 가시지 않은 때라 사람들이 모여 송별회를 했고, 초소가 있던 미루나무 앞에서 단체 사진을 찍었다.

윗사랑에 홀로 기거하던 숙모는 부엌일을 도맡아 하셨고 농번기에는 밭일도 거드셨다. 동생들에게 밀려 엄마의 사랑이 고팠던 나는 숙모를 많이 따랐다. 온화한 성품이어서 잘 거두어 주셨고, 숙모가 싸준 도시락을 들고 학교에 다녔다. 별식이던 보리개떡을 우습게 만든 것도 숙모표 찐빵이었다. 밀가루에 막걸리를 넣어 만든 찐빵은 맛의 신세계였다. 내가 뜨개질과 수놓는 걸 좋아하고 요리에도 관심이 많은 건 어쩌면 어렸을 때 숙모에게 받은 영향인지도 모르겠다. 남편 부재인 새색시가 시집살이를 하며 밤에는 흐릿한 등잔불 앞에서 수를 놓고, 뜨개질을 하셨다.

숙부는 군복무 중 휴가를 나오면 조카들을 나란히 서게 한 다음 건빵을 나눠주셨다. 언니는 크니까 조금 더 주겠다고 하시면 "똑같이 주세요. 동생도 먹고 어서 커야지요." 하며 야지랑을 떨었고, "작은엄마는 좋겠네, 작은아버지 와서 참 좋겠네."라며 도랑에 가는 숙모 뒤를 졸랑졸랑 따라다녔다. 지금도 숙모님을 만나면 그때 이야기를 하며 파안대소한다.

이제 윗대 어른은 두 분만이 생존해 계신다. 가끔 안부를 여쭙기는 해도 코비드로 몇 년간 만나지 못하다가 지난 설에 찾아뵙겠다고 하자 말리셨다. 따뜻해지면 운정에 오시겠다는 것이다. 그저 하는 말씀이지 설마 오실까 했다. 그런데 얼마 전 동생에게 우리 동네에 오는 전철노선을 자세히 물으시더라고 한다. 동생은 연로한 분들이 조카딸 사는 동네를 가시겠다는 게 도무지 이해가 안 된다고 의아해했다. 나는 두 분이 집에만 계시는 게 답답해 오시려는가 싶어 기다리던 참이었다.

지난 토요일, 딸과 세종문화회관에서 오페라 「마술피리」를 보고 있을 때였다. 중간 휴식 시간에 핸드폰을 열어보니 숙모님이 전화한 기록이 다섯 번이나 찍혀있었다. 놀라서 얼른 전화를 드렸다. 맙소사! 두 분은 운정역에 와 계시다고 했다. 숙모님은 통화가 이루어진 것에 기뻐하시다가 내가 처한 상황을 들으시고는 실망과 동시에 자책하기 시작했다. 미리 말하면 부담을 줄까 봐 저녁땐 당신들처럼 당연히 집에 있을 거라 여긴 거였다. 세대차를 절감하면서도 모처럼 먼 길 오셨는데 죄송하기 이를 데 없었다.

며칠 후 동생과 숙부님 댁을 방문하기로 했다. 두 분이 이번에는 동생네 동네로 오시겠다고 했던 때문이다. 연이은 조카딸네 방문은 어렸을 때 들었던 할미꽃 전설을 생각나게 한다. 시집간 딸네 집을 차례로 찾아가던 노인이 고갯마루에서 막내딸 사는 동네를 내려다보다가 죽어 할미꽃이 되었다는 전설이다. 나도 두 분이 왜 동생네로 가시려는지 궁금해졌다. 이번에는 며칠 전 겪은 학습효과 때문인지 미리 알려주신 것 같다. 혹여 현대판 할미꽃 전설이 3호선 전철에서 일어날지도 모를 숙부님 세수 아흔둘. 숙모님은 여든아홉이시다. 오신다는데 앉아서 맞을 수 없어 우리가 찾아뵙겠다고 한 것이다.

  댁이 가까운 건대입구역에서 두 분의 마중을 받았다. 오랜만에 뵌다. 시간의 흐름 속에 풍화되고 마모되어 가는 생(生), 두 분은 조금 더 늙고, 조카들은 조금 덜 늙었을 뿐 숙질은 같이 늙어가고 있다. 사 주시는 점심을 맛있게 먹었다.

  드디어 궁금증이 풀린다. 숙모님이 봉투 두 개를 꺼내 하나는 아픈 막내에게, 다른 하나는 우리가 모일 때 밥을 사 먹으라고 하셨다. 숙모님은 막내가 아픈 걸 몹시 안타까워하셨다. 평범한 샐러리맨으로 팔 남매를 성가 시킨 두 분이 어떻게 살아왔는지 아는 터라 눈시울이 뜨거워 왔다. 유한한 삶, 주변을 챙기려는 어른의 마음이 읽혔다.

  숙모님은 팥죽 쑬 준비를 해놨다며 집으로 가자고 하셨다. 어릴 때 해주시던 맛 그대로였다. 두 그릇이나 먹었다. 돌아올 땐 운정에 오실 때 해왔다가 못 준 떡과 손수 빚은 만두를 싸주셨다. 이걸 만드시느라 얼마나 힘드셨을까.

  "당신은 이런 거 만들어주는 숙모님 안 계시죵~"

  약을 올려도 약발이 안 먹힌다. 남편도 우리가 받은 감동을 알기 때문이다. 삶의 본을 보여주시는 두 분의 건강과 장수를 기원한다.

허준박물관

 한강 변에 있는 허준박물관에 다녀온 적이 있다. 허준은 1537년 강서구의 옛 지명인 양천에서 용천 부사를 지낸 허론의 서자로 태어난다. 중인 신분으로 정1품까지 오른 입지전적인 인물이다. 박물관 뒤편에는 서울시 기념물 제11호 허가바위가 있다. 만년에 물이 떨어지는 동굴 옆, 누추한 집에서 『동의보감』을 비롯한 많은 책을 쓴다. 이곳에서 78세에 돌아가셨다.
 예나 지금이나 명의는 주머니 속에 든 송곳처럼 존재감을 드러낸다. 드라마 같은 그의 삶이 네 차례 역사 이하 드라마로 만들어져 방영될 때마다 인기를 끌었다. 친구들과 처음 박물관에 갔을 때였다. 관장님은 극적인 부분을 강조하려고 허준에 대해 잘못 알려진 부분을 바로 잡아주려고 애쓰셨다. 박물관 곳곳을 직접 안내해 주기도 했다. 허준기념실, 동의보감실, 약초약재실, 전통의약기실, 체험실, 약초원 등이었다. 내의원과 한의원실을 돌아볼 때는 조선시대 의녀와 현대 간호사의 역할을 비교하며 의견을 나누기도 했다.

그날 관장님은 부인의 후배들에게 박물관에서 펴낸 책과 컵을 선물로 주셨다.『동의보감 속 약재특별전』과『한의학의 맥을 찾아서』에 실린 정보는 한때 의료 현장에서 일했던 우리에게 온고지신의 의미를 일깨워 주었다. 식물, 동물, 광물까지도 약재로 쓰이니 지구상 존재하는 모든 것에 약성이 들어있음이다. 藥 자를 풀어보면 풀초艹변과 즐길 樂이다. 아무리 좋은 약재라도 체질에 맞지 않으면 독이 되고, 하찮은 풀이라도 약이 됨을 거울처럼 비춰주고 있다. 약식동원(藥食同源), 즉 약과 음식의 근원이 같음이다.

약초원을 돌아볼 때 문득 내가 약초라면 감초가 되고 싶다는 생각이 들었다. 독을 중화하고 쓴맛을 순화해 웬만한 첩약에 빠지지 않고 들어가는 약초다. 주인공은 아니어도 필요한 사람이 있다. 내 인성이 감히 이와 닮기를 바라는 마음이다. 하여 감초를 넣어 끓인 물로 음양탕을 만들어 박물관 로고가 새겨진 컵에 담아 마시고 있다. 장수와 복을 기원하는 백수백복도(白壽百福圖)가 그려있는 빨강 컵이다. 붉은빛은 태양과 생명을 상징하는 피(血)의 색으로 궁중에서 널리 쓰였다. 안쪽 입새에 사모관대 쓴 할아버지가 엄지를 치켜들고 계시는 모습이 내 건강을 책임져 주실 것 같은 수호신 포스다.

음양탕은 뜨거운 물에 찬물을 부어 대류현상을 유도한 물이다. 맹물로 하면 맹탕이지만, 추위를 많이 타는 나는 대추와 생강, 감초 두어 쪽을 넣어 끓인 물을 차게 해 음양탕에 넣어 마신다.

팬데믹을 겪다 보니 옛날에는 전염병에 어떻게 대처했을지 궁금하다. 임금님도 전염병이 창궐하면 '과인의 허물이며 부덕한 소치'라며 하늘에 절하고 근신했다고 한다.

우리 역사에 처음 등장한 전염병 예방과 치료에 관한 매뉴얼이 「신찬벽온방」이다. 저자인 허준은 전염병 창궐의 원인을 춥고 더운 것이 때에 맞지 않아 생긴 운기의 부조화라고 했다. 그 이론대로라면 코로나 발생도 엘니뇨와 라니냐 같은 기후변화 때문일까?

사회적 거리 두기는 예나 지금이나 가장 보편적이고도 확실한 방역 수칙이다. 재력가들은 재빨리 피신처를 구해 산속으로 들어갔고, 조정에서는 제사와 잔치는 물론 부부간 동침도 금하라는 영을 내렸다고 하니 지금보다 훨씬 강력한 지침이다.

이 지루한 전쟁은 언제쯤 끝날까. 인간의 새로운 방패가 곧 코로나의 창을 무디게 할 것이다. '호흡을 가다듬고 담대하게 견디라' 허준 선생의 일갈이다.

6월의 노래
- 비목

초연이 쓸고 간 깊은 계곡 양지 녘에, 비바람 긴 세월로 이름 모를 비목이여, 먼 고향 초동 친구, 두고 온 하늘가, 그리워 마디마디 이끼 되어 맺혔네.

한명희 시, 장일남 곡으로 널리 알려진 「비목」은 죽은 이의 신원을 새겨 무덤 앞에 세우는 목비(木碑)를 뜻한다. '서러움 알알이 돌이 되어 쌓인' 옆에 철모가 얹힌 목비 형상은 이 가곡으로 호국영령의 상징처럼 된다.

테너 민병규의 「6월의 노래」 음악회에 다녀온 후 「비목」의 여운이 뇌리에서 떠나지 않았다. 노랫말과 음률이 이렇게 조화로울 수 있을까. 명가곡의 진수를 보여주는 음악이었다. 6월에 생각나는 글을 청탁받은 터라 주저하지 않고 글의 주제를 비목으로 정했다.

초연(硝煙)이 화약 연기라는 것만 알 뿐 노래에 대한 감화

만으로 글을 쓴다는 게 쉽지 않았다.

 모를 일이다. 예봉산 아래 동네를 산책하며 눈여겨보던 집이기는 했다. 나지막한 돌담집 마당으로 이끌린 듯 들어간 것이다. 대문이 있었다면 엄두도 못 냈을 터다. 사립에서 춤사위를 펼치듯 안쪽으로 굽어있는 담은 대문 없이도 바깥의 시선을 가리고 있어 운치와 실용의 묘가 담겨 있었다. 울창한 숲을 비집고 내려온 햇살이 돌담 위에 아른거리는 녹음방초 우거진 유월이었다.

 현실감각을 일깨워 준 건 난리 난 듯 짖어대는 개들이었다. 놀라서 발길을 돌리려 하자 마당에서 책을 정리하던 여주인이 개를 진정시키며 일어났다. 돌담이 하도 예뻐서 담을 따라 들어왔다고 하자 주인은 친절하게 의자를 내왔다.

 "예쁘죠? 이웃에 사는 분이 쌓아줬어요."

 '여기 온 지 26년 되었다. 주변이 온통 논이고 밭이었다. 허전해서 마구 나무를 심었는데 이제는 마구 베어내도 점점 울창해진다. 개도 아는 사람이 기르다가 마당이 넓다고 데려다 놓았다.'

 경계심을 풀고 오수에 빠진 개를 바라보며 주객의 정담이 이어졌다. 미술 교사였던 여주인은 비가 오면 장화 없이 다닐 수 없었던 동네에서 세 자녀를 기르며 직장을 다녔다고 한다. 섬세하고 따뜻한 미술 선생님 분위기다. 안주인의 손길이 울안 곳곳에 있었다. 딸기가 익었을 거라며 주인이 텃밭에 간 사이, 나는 정원을 돌아보며 너도나도 서울로 모여들 때 서울에서 내려와 이만한 터를 마련하고 가꿔온 혜안이 남다르게 느껴졌다. 이야기를 나누는 동안에도 책 정리는 계속되었다. 장마가 오기 전에 해야 하는 일이라고 했다. 얼핏 보아도 예사롭지 않은 책들이었다.

"장서의 주인은 어떤 분일까요?"

내가 궁금해하자 안으로 들어가더니 무언가를 가져왔다. 화천에서 열린 비목 문화제 팸플릿과 소책자였다. 마음이 요동쳤다. 남편이 비목 노랫말을 지었다고 했다. 우연이라고 하기에는 비현실적이었다. 필연이었을지도 모른다는 생각이 들었다. 남의 집으로 불쑥 들어간 것도 그랬다. 부인이 책을 정리하고 있지 않았다면 담장만 보고 돌아 나왔을 것이다. 이곳으로 인도한 절대자의 힘이 느껴지는 순간이었다. 나는 집에 돌아오자 곧 비목에 얽힌 작가 노트를 읽는다. 장문의 노트에는 60년대 초반 초급장교로 6.25 전쟁 격전지였던 화천 백암산에서 복무하던 작가의 생생한 체험이 담겨 있었다.

시심이 남달라서도 아니요, 문재(文才)가 뛰어나서도 아닌, 오직 그때의 비장했던 정감들을 꿰는 작업이기에 「비목」은 수월하게 엮어졌다고 한다. 가없는 영혼께 바치는 진혼곡이자 전후 세대에게 전쟁의 비극을 잊지 말라고 민병규 테너가 불렀던 비목의 탄생 비화가 들어있었다.

며칠째 고심하던 글감을 하늘에서 뚝 떨어진 듯 얻은 흥분이 가라앉자 나는 이 글이 전쟁의 고통을 모르고 자란 내가 쓸 소재인가. 이 노래를 함부로 부르지 말라는 작가의 말에 부끄러움이 없는지 돌아보았다. 현충일 노래도 잊을 만큼 안일하게 살아왔다는 반성 끝에 이 또한 소명일지도 모른다는 생각이 들었다.

비목 노트 덕분에 수월하게 쓴 글은 『수필문학』에 실렸다. 그런 인연으로 그해 현충원에서 열린 「6.25전쟁50주년 진혼예술제」에 초대받는다. 이후 DMZ에서, 비목공원에서, 이미시서원에서 호국영령에 헌신하는 거목의 행보를 가까이서 보고 배우는 분복을 누린다.

하늘과 땅, 인간을 의미하는 이미시서원은 한명희 선생의 安居이다. 앞뜰에는 10년째 호국의 불, 평화의 불, 영원의 불이 켜있다. 그분의 하루는 이 촛불 앞에서 영령의 은덕을 기리고, 국운 창성을 기원하는 묵념으로 시작된다. 과거의 불행을 잊어버리면 그 불행이 재연된다며 서원 뜰에서 매년 전쟁의 비참함을 잊지 말자는 不忘음악회를 연다. 전쟁 70주년을 맞은 올해 가을에는 12편으로 구성된 연가곡 공연이 열린다고 한다. 젊은 날 백암산에서 비롯된 비목의 업이 팔순 넘어까지 이어지는 것이다. 얼마 전에는 6.25 전쟁에 대한 국내외 시, 소설, 수필. 영화, 종군 기사 등을 한곳에서 볼 수 있는 기념관을 짓겠다는 뜻을 밝혔다. 벽돌 한 장 한 장, 다중의 뜻을 모아 완성된 「전쟁문예기념관」이 후대에 불망의 정신을 이어가는 곳이 되기를 소망한다. 큰 스승 한명희, 시대의 큰 나무를 우러른다.

백년 원(願)

　마당 옆으로 흐르는 도랑이 있었다. 약수터에서 내려오는 물은 겨울에 따뜻하고 여름에는 손이 시릴 만큼 차갑다. 진달래꽃 한 아름 담가놓으면 꽃병이 되고, 가재가 새끼를 치면 수족관이 되었다. 아버지가 등에 물 한 바가지 끼얹으라 시면 욕탕이 되고. 방망이 소리 요란한 빨래터이자, 아이들 놀이터이기도 했다.
　여름이면 그 도랑 가로 부엌이 옮겨왔다. 소슬한 살림 도구들이 밤나무 밑에 차려지고, 푸성귀를 썰어 찌개를 끓이는 어머니가 소꿉놀이하는 것처럼 보이는 그 풍경이 좋아 여름 오기를 기다렸다. 생선 굽는 날이면 새들이 먼저 알고 나뭇가지에 진을 치던 그 아침, 호박잎에 노릇한 꽁치 한 마리씩 배급받으면 세상 부러울 게 없었다. 나무 밑에 멍석을 깔고 식구들이 둘러앉아 밥을 먹는 여름은 소풍 같은 나날이었다.

도랑 건너 언덕에서 시작되는 뒷산은 울울창창한 소나무가 백두대간으로 이어진다. 사시사철 그 산 위에서 해가 뜨고 달이 떠서 마을로 내려온다. 산들바람이 내려오고. 람보 바람도 내려온다. 백로가 깃을 내린 저녁이면 흰 보자기를 씌워놓은 것 같던 숲에서 부엉이 우는 소리가 들렸다. 온갖 꽃들이 피었다 지며 열매를 맺고, 때가 되면 버섯이 솟아오른다. 뱀을 보고 놀란 날엔 송이버섯을 내어주며 위로해 준 속 깊은 산이었다. 소를 치고, 꽃을 꺾고, 나물 뜯으러 어느 한 철 그 산에 오르지 않은 적이 없었다.

강릉 산불은 하룻밤 새 고향을 송두리째 잿더미로 만들어버린다. 바람이 심하게 불던 식목일 새벽이었다. 양간지풍일구지난설(襄杆之風 一口之難說)은 영동지방의 거센 바람을 일컫던 말이다. '양양과 간성 사이로 부는 바람을 한마디로 설명하기 어렵다'라는 뜻이다. 양양과 강릉도 그렇다는 뜻으로 양강지풍(襄江之風)이라 부르기도 한다.

이유를 몰라 옛사람들이 '일구지난설'이라 했던 강풍은 푄의 일종으로 습기를 머금은 동해안 공기와 서쪽에서 내려오는 바람이 백두 상공에서 부딪치며 고온 건조한 강풍으로 변하는 현상이다. 기후변화로 바람은 더 강해지고, 산불도 잦아 속초, 양양, 강릉, 동해, 울진까지 차례로 화마를 입었다. 낙산사 무쇠 종도 녹여버린 산불이다.

아이들은 누가 가르쳐주지 않아도 바람에 대처하는 요령을 스스로 터득하며 자란다. 강풍이 심하게 불던 날 저수지 옆 큰길을 지날 때, 어린 마음에도 날아가면 저수지 물에 떨어질 것 같아 둑 아래로 내려가 지나갔던 기억이 난다.

  화풍(火風) 불 때 불조심! 자나 깨나 불조심!

  귀에 못이 박히도록 들은 주문이다. 풍신(風神) 달래는 풍습이 있어 이 무렵 어머니는 아침마다 장독대에 물을 떠 놓고 치성을 드렸다. 동네 어른들이 성황당에서 고사를 지낸 것도 보이지 않는 힘을 두려워하며 가정과 마을을 지켜달라는 염원이었을 것이다.

  산불은 밤 11시경 한 무속인의 신당에서 전기 합선으로 발화해 강풍을 타고 임야와 주택 41채를 잿더미로 만든다. 동해고속도를 넘어 망상해수욕장의 집합건물과 시설물도 휩쓸었다. 바닷물도 끓일 기세로 번지던 불길이 해변에 이르러서야 멈췄다.

  형제들과 일구지난설(一口之難說)인 심정으로 고향을 찾았을 때 말은 안 나오고 불에 덴 듯 눈시울이 매워 왔다. 휑한 빈터에 나무 한 그루만 달랑 남아있었다. 재해 지역으로 선포되며 컨테이너라도 놓고 살라고 타다남은 집 부스러기를 말끔하게 치워준 것이다.

  마당 가운데 우뚝 서서 동화 같은 풍경을 만들어 주던 나무, 내 가정의 희로애락을 지켜보았을 집지킴 목만 살아남았다. 바람이 심하게 불 때면 가지가 부러져 지붕을 덮칠까 봐 걱정하던 감나무였다. 나무 걱정하던 아버지는 오래전에 돌아가셨는데 나무는 화마를 견디고 지킴목 역할을 톡

톡히 해낸 것이다. 나는 꽃이 성글게 핀 늙은 감나무를 어루만지며 감격에 겨워 한동안 나무 밑을 떠나지 못하고 서성거렸다.

한때 열 명도 넘는 식구들이 살던 집이다. 동생이 은퇴하면 고향에 내려와 살 거라며 애착하던 집, 눈 감고도 갈 수 있을 도랑 가는 길, 맑은 물이 흐르던 도랑조차 흔적 없이 사라졌다. 나는 감나무를 나침반 삼아 안방과 건넌방, 사랑방, 별채, 외양간, 방앗간, 장독대가 있던 자리를 차례로 짚어보았다. 황량한 집터에는 어느새 잡초가 자라나고 있다.

송화가 피면 색깔이 변하던 마을이다. 바람도 힘겨워 된소리를 내던 울울창창하던 백 년 송, 그 소나무 숲에 깃들었던 신성은 어디로 흩어졌을까. 회한에 잠겨 화마가 할퀴고 간 검은 마을을 넋 놓고 바라보았다.

되돌릴 수 없음이다. 기억을 더듬어 글로, 그림으로 어릴 때 고향을 복원하겠다고 마음먹는다. 마지막까지 살아남은 감나무를 먼저 그려주겠다. 도랑에 진달래꽃 꽂아놓은 그림, 아버지 등을 씻어드리는 그림도 그릴 것이다. 폐허를 더듬어 선영을 찾았다. 영혼도 얼마나 놀라셨을까. 울창하면 숲이 모두 타버렸다. 예전의 숲으로 돌아가려면 백 년이 걸린다고 한다. 사무치는 마음 한량없음이랴. 나 백 년 후, 부엉이나 백로로 환생해 고향 숲으로 돌아오는 원을 세운다. 그리운 것은 그리운 대로 마음에 새기리라.

다시 봄

역병으로
전쟁으로
지진으로
스러져간 별들이
미리내로 흐르네

조종이 울어도
다시 봄! 우리
밭을 일궈야 하네
사랑을 심어야 하네
희망을 가꿔야 하네

코로나로 많은 사람이 고통 속에서 세상을 떠났다. 바이러스가 인간을 공격한 것이다. 세기마다 전염병이 돌았다는 역사가 있다. 지난 시절의 역사였을 뿐 문명 천지에 세계인을 떨게 하는 전염병이 창궐하게 될 줄은 생각지도 못했다.

우크라이나 전쟁은 언제 끝날까. 러시아가 일으킨 전쟁으로 피아간에 죽고 죽이는 참상이 이어지고 있다. 인간이 인간을 공격한 것이다. 인류 역사에 전쟁은 끊이지 않았다. 공산주의 연방이 해체되며 평화스럽던 지구에 또다시 전쟁이라니 끔찍하다.

터키에 지진이 일어나 끔찍한 참상이 전해졌다. 사망자, 부상자가 다수다. 지진이 인간의 삶을 공격한 것이다. 겨울 이어서 추위를 견디는 것도 심각해 보인다. 오리털 외투와 더운물 주머니, 양말, 목도리 내복 등을 꾸려 자선단체에 보냈다.

불과 삼사 년 사이에 일어난 사건이다. 밭을 일궈서 사랑을 심고 희망을 가꿔야 한다는 사명감으로 2023년 봄에 시를 지어 영혼들을 위무한다.

봄가을 봄봄

2024년 11월 10일 초판 인쇄
2024년 11월 15일 초판 발행

지은이   남월선

발행인   강병욱
발행처   도서출판 교음사
편집   수필문학사

03147 서울 종로구 삼일대로 457 수운회관 1308호
Tel (02) 737-7081, 739-7879(Fax)
e-mail : gyocum@daum.net
등록 / 제2007-000052호

* 잘못된 책은 바꿔 드립니다. 값 15,000원

ISBN 978-89-7814-046-1 03810

- 이 책 내용의 전부 또는 일부를 재사용하려면 저작권자와 교음사의 동의를 받아야 합니다. 지은이와의 협의 하에 인지는 생략합니다.

- 이 책은 경기도, 경기문화재단의 지원을 받아 발간되었습니다.